MW01330651

MODULO DE DOCTRINA CORDERITOS

MINISTERIOS RESTAURACION

Area de Doctrina

MINISTERIOS RESTAURACION
SAN FRANCISCO, CA

Mateo 28:19-20 Por tanto, id, y haced discípulos a todas las naciones, bautizándolos en el nombre del Padre, y del Hijo, y del Espíritu Santo; 20 enseñándoles que guarden todas las cosas que os he mandado; y he aquí yo estoy con vosotros todos los días, hasta el fin del mundo. Amén.

Ten cuidado de ti mismo y de la enseñanza; persevera en estas cosas, porque haciéndolo asegurarás la salvación tanto para ti mismo como para los que te escuchan.

—1 Timoteo 4:16

Contenido

CAPITULO 1

El Nuevo Nacimiento

Juan 3:3 Respondió Jesús y le dijo: --De cierto, de cierto te digo que a menos que uno nazca de nuevo no puede ver el reino de Dios.

Hace casi 2000 años, un hombre muy importante de la nación de Israel se presentó a Jesús durante la noche para conocerlo como Rabí (maestro) que venía de Dios, debido a las señales que Jesús realizaba. Sin embargo, Jesús, sin prestar atención a las palabras de Nicodemo, el visitante nocturno, le dijo que, si no nace de nuevo, no podrá ver el reino de Dios.

Conceptos en torno al Nuevo Nacimiento

a. Regeneración: Esta palabra se menciona en los siguientes pasajes:
    a. Mateo 19:28 (RVA): Jesús les dijo: "De cierto os digo que, en el tiempo de la regeneración, cuando el Hijo del Hombre se siente en el trono de su gloria, vosotros que me habéis seguido os sentaréis también sobre doce tronos para juzgar a las doce tribus de Israel."
    b. Tito 3:5 (RVA): "Él nos salvó, no por las obras de justicia que nosotros hubiésemos hecho, sino según su misericordia; por medio del lavamiento de la regeneración y de la renovación del Espíritu Santo."
    c. La palabra "regeneración" proviene del griego "palingenesia", que significa "nuevo nacimiento" (palin: "de nuevo, otra vez" y génesis: "nacer").

Necesidad de Nacer de Nuevo

Si es necesario nacer de nuevo, es porque algo que antes tenía vida ha muerto.

En Génesis 2:17 (LBA), se menciona que Dios advirtió a Adán y Eva que, si comían del árbol del conocimiento del bien y del mal, morirían ciertamente. Sabemos que Adán y Eva pecaron y, a menos que Dios no cumpla su palabra, ambos murieron. Sin embargo, en Génesis 3:6-21 vemos que, después de haber comido, aún estaban existiendo. Esto nos enseña que, en el contexto bíblico, la muerte no es lo mismo que la inexistencia. De acuerdo con la Biblia, la muerte implica una separación de Dios. Para comprender mejor lo que sucedió, debemos recordar algunas cosas que la Biblia nos dice acerca de la naturaleza integral del ser humano.

1. El ser humano es tripartito, compuesto por espíritu, alma y cuerpo. 1 Tesalonicenses 5:23 (LBA) dice: "Y que el mismo Dios de paz os santifique por completo; y que todo vuestro ser, espíritu, alma y cuerpo, sea preservado irreprensible para la venida de nuestro Señor Jesucristo."
2. Considerando esto, podemos concluir que cuando Adán y Eva pecaron, su espíritu murió, es decir, dejaron de tener comunión con Dios. Esto se evidencia cuando, después de pecar, el hombre se esconde de Dios.

La muerte del espíritu trajo como consecuencia la degeneración del alma y, a su vez, afectó al cuerpo. Además, la creación también fue afectada por la maldición del pecado, lo que influyó en el ambiente en el que Adán y Eva vivían y provocó enfermedades en el cuerpo. Eventualmente, Adán murió físicamente a la edad de 930 años, como se menciona en Génesis 5:5.

La muerte espiritual y física se transmiten a todos los hombres

- La muerte espiritual garantiza la muerte física y, si no hay regeneración, la muerte segunda en el lago de fuego. (Romanos 5:12-19; Efesios 2:1-5).

- La Biblia afirma que el pecado entró en el mundo por un hombre y la muerte por el pecado. Esta muerte espiritual se extendió a todos los hombres porque todos pecaron.

  - Romanos 3:23 (LBA): "por cuanto todos pecaron y no alcanzan la gloria de Dios."
  - Romanos 5:12 (LBA): "Por tanto, tal como el pecado entró en el mundo por un hombre, y la muerte por el pecado, así también la muerte se extendió a todos los hombres, porque todos pecaron."

- Dios creó a Adán y Eva para que no murieran físicamente, pero el pecado trajo consigo esta maldición, como se menciona en 1 Corintios 15:20-22. ¡Gloria a Dios, porque en Cristo esta maldición ha sido abolida! Por eso, los hijos de Dios solo duermen con la esperanza segura de la resurrección.

  - 1 Corintios 15:20 (RVA): "Pero ahora, Cristo sí ha resucitado de entre los muertos, como primicias de los que durmieron."
  - 1 Corintios 15:21 (RVA): "Puesto que la muerte entró por medio de un hombre, también por medio de un hombre ha venido la resurrección de los muertos."
  - 1 Corintios 15:22 (RVA): "Porque, así como en Adán todos mueren, así también en Cristo todos serán vivificados."

En resumen, la necesidad de nacer de nuevo o ser regenerado se debe a que el ser humano, sin Cristo, está muerto espiritualmente en delitos y pecados (Colosenses 2:13).

Cómo se lleva a cabo el Nuevo Nacimiento

El Nuevo Nacimiento es un misterio profundo, y lo que se presentará a continuación es solo un intento de comprensión parcial. En algún momento, el Señor nos revelará completamente este maravilloso misterio.

Para que ocurra el Nuevo Nacimiento, el espíritu que está muerto debe recibir vida a través de un encuentro con Aquel que es la Vida.

Juan 14:6 (LBA): Jesús le dijo: "Yo soy el camino, y la verdad, y la vida; nadie viene al Padre sino por mí."

Veamos cómo se lleva a cabo este encuentro:

A. El Señor, al enseñar a sus discípulos acerca de la obra del Espíritu Santo, dijo que Él convencería al mundo de pecado, justicia y juicio. Por medio del toque del Espíritu, experimentamos:

   a. Arrepentimiento: Un cambio de mente o forma de pensar, a través del cual reconocemos quiénes somos y aceptamos por primera vez nuestra culpabilidad ante Dios.
   b. Juan 16:8 (RVA): "Y cuando él venga, convencerá al mundo en cuanto a pecado, en cuanto a justicia, y en cuanto a juicio."

   c. Juan 16:9 (RVA): "En cuanto a pecado, porque no creen en mí."

   d. Juan 16:10 (RVA): "En cuanto a justicia, porque voy al Padre, y ya no me veréis más."

   e. Juan 16:11 (RVA): "En cuanto a juicio, porque el príncipe de este mundo ha sido juzgado."

B. Con esta convicción de pecado, el Espíritu Santo lleva al verdadero arrepentimiento, respondiendo a la Palabra para ser creída o rechazada.
   a. Juan 1:12 (RVA): "Mas a todos los que lo recibieron, a los que creen en su nombre, les dio el derecho de llegar a ser hijos de Dios."

Al creer en Cristo, somos engendrados por la Palabra. Este nuevo nacimiento de Dios, a través de una simiente incorruptible, nos otorga una nueva vida.

- 1 Pedro 1:23 (LBA): "Pues habéis nacido de nuevo, no de simiente corruptible, sino de incorruptible, por medio de la palabra de Dios que vive y permanece."

- Santiago 1:18 (RVA): "Por su propia voluntad, él nos hizo nacer por la palabra de verdad, para que fuéramos como primicias de sus criaturas."

Sin embargo, como podemos ver en la parábola del sembrador (Mateo 13:18-23), la semilla de la Palabra es sembrada en diferentes tipos de terreno.

- Terreno junto al camino: El que oye la Palabra, pero no la entiende. El maligno viene y arrebata la Palabra sembrada en su corazón.

- Terreno pedregoso: El que oye la Palabra y la recibe con gozo, pero no tiene raíz profunda y es temporal. La aflicción por causa de la Palabra hace que tropiece y caiga.

- Terreno entre espinos: El que oye la Palabra, pero las preocupaciones del mundo y el engaño de las riquezas ahogan la Palabra y no da fruto.

- Buen terreno: El que oye la Palabra y la entiende (engendramiento). Este da fruto, ya sea un treinta, sesenta o cien por ciento.

El fruto producido por la Palabra en el buen terreno evidencia el Nuevo Nacimiento, que nos convierte en nuevas criaturas en proceso de maduración hasta alcanzar la plenitud del Hijo de Dios, la estatura del varón perfecto.

Frutos del Nuevo Nacimiento

El Apóstol Juan es quien más escribe sobre el nuevo nacimiento, tanto en su evangelio como en sus cartas pastorales. En particular, su primera carta abunda en hablar sobre los frutos de aquellos que han nacido de nuevo.

A. Los nacidos de nuevo son hechos hijos de Dios.

- Juan 1:12 (RVA): "Mas a todos los que le recibieron, a los que creen en su nombre, les dio el derecho de llegar a ser hijos de Dios."

- Juan 1:13 (RVA): "los cuales nacieron no de sangre, ni de la voluntad de la carne, ni de la voluntad del hombre, sino de Dios."

B. Caminamos en la luz y tenemos comunión unos con otros.

- Juan 1:7 (RVA): "Este vino como testigo, para que diera testimonio de la luz, a fin de que todos creyeran por medio de él."

- 1 Juan 1:7 (RVA): "Pero si andamos en la luz, como él está en la luz, tenemos comunión unos con otros, y la sangre de Jesucristo, su Hijo, nos limpia de todo pecado."

C. Amor hacia nuestros hermanos.

- 1 Juan 1:10 (RVA): "Si decimos que no hemos pecado, le hacemos a él mentiroso, y su palabra no está en nosotros."

- 1 Juan 3:14 (RVA): "Nosotros sabemos que hemos pasado de muerte a vida, en que amamos a los hermanos. El que no ama a su hermano, permanece en muerte."

- 1 Juan 4:7 (RVA): "Amados, amémonos unos a otros, porque el amor es de Dios. Todo aquel que ama ha nacido de Dios y conoce a Dios."

- 1 Juan 4:8 (RVA): "El que no ama no ha conocido a Dios, porque Dios es amor."

D. Aquellos que son nacidos de Dios no practican el pecado.

- 1 Juan 3:9 (RVA): "Todo aquel que es nacido de Dios, no practica el pecado, porque la simiente de Dios permanece en él; y no puede pecar, porque es nacido de Dios."

- 1 Juan 5:18 (RVA): "Sabemos que todo aquel que ha nacido de Dios no practica el pecado, sino que aquel que fue engendrado por Dios se guarda a sí mismo, y el maligno no lo toca."

Es importante tener en cuenta que el Apóstol dice que debemos anhelar la "leche espiritual" que no está adulterada. Esto se refiere a la doctrina básica del evangelio, pero no cualquier doctrina. Se refiere a buscar una enseñanza que no esté mezclada con engaños, doctrinas de hombres, prácticas paganas o leyes humanas. La sana doctrina nos enseña a seguir a Cristo fielmente, a amarlo a Él y esperar su segunda venida. Nos enseña a abandonar las malas costumbres del mundo y nos enseña que ya no debemos pecar porque amamos a Dios y a Cristo, quien murió por nosotros.

CONCLUSIONES

1. Debido al pecado de Adán, la condición del hombre sin Cristo es de muerte espiritual.
2. La muerte espiritual hace necesario el nuevo nacimiento.
3. En el nuevo nacimiento, nuestro espíritu recibe vida y se nos transmite la simiente incorruptible, la naturaleza divina, a través del engendramiento de la palabra.
4. El nuevo nacimiento garantiza todo el proceso de pasar de la muerte a la vida en su totalidad.
5. No todos los que oyen la palabra la entienden, solo aquellos que la reciben en un buen terreno en sus corazones y producen fruto en diferentes niveles.
6. Para nacer de nuevo, se requiere un arrepentimiento genuino.
7. La sana doctrina nos enseña a amar a Dios, en lugar de llenarnos de temor hacia Él.
8. La sana doctrina no está contaminada por costumbres mundanas ni leyes humanas.

CAPITULO 2

La Fe

RVA Hebreos 11:6 Y sin fe es imposible agradar a Dios, porque es necesario que el que se acerca a Dios crea que él existe y que es galardonador de los que le buscan

- RVA Hebreos 11:1 La fe es la constancia de las cosas que se esperan y la comprobación de los hechos que no se ven.

INTRODUCCIÓN: La fe es la convicción de lo que no se ve, la sustancia de las cosas que se esperan, la seguridad de que recibiremos las cosas que esperamos. Sin fe, es imposible agradar a Dios:

- RVA Hebreos 11:6 Y sin fe es imposible agradar a Dios, porque es necesario que el que se acerca a Dios crea que Él existe y que es galardonador de los que le buscan.
- Y todo lo que no proviene de fe no le agrada a Dios, pues es pecado: RVA Romanos 14:23 Pero el que duda al respecto, es condenado si come, porque no lo hace con fe. Pues todo lo que no proviene de fe es pecado.

Podemos asegurar entonces que incluso las oraciones hechas sin fe son desagradables a los ojos de Dios. La fe es necesaria para realizar milagros, pero también para morir por el Señor. Debemos pedirle a Dios que aumente nuestra fe, de manera que podamos movernos en el Espíritu, ya que para aquel que camina en el Espíritu, la ley no tiene influencia, ya que fue dada para los transgresores y desobedientes, no para los justos. El justo vivirá por fe.

- RVA 1 Timoteo 1:9 Y conocemos esto: que la ley no ha sido puesta para el justo, sino para los rebeldes e insubordinados, para los impíos y pecadores, para los irreverentes y profanos, para los parricidas y matricidas, para los homicidas, 10 para los fornicarios, para los homosexuales, para los secuestradores, para los mentirosos, para los perjuros, y para cuanto haya contrario a la sana doctrina.

Es necesario creer que Dios existe (Hebreos 11:6). Muchas personas se arrodillan y hacen gestos clamando a un Dios en el que ni siquiera están seguros de que existe. Estos son religiosos falsos, cuyo dios es su propio deseo y realizan estas acciones solo para que los demás vean su supuesta piedad, pero no se dan cuenta de que Dios abomina esa oración.

Además de creer que Dios existe, también es necesario creer que Él es galardonador de los que le buscan (Hebreos 11:6). Si no creemos que Dios es galardonador, ¿por qué le pedimos que nos dé? Si vamos a pedir algo a Dios, debemos creer que Él puede hacerlo, como le dijo al centurión:

- RVA Mateo 8:13 Entonces Jesús dijo al centurión: "Ve, y como has creído, así te sea hecho." Y en aquella misma hora su criado fue sanado.

El siervo que recibió un talento no creyó que Dios era galardonador (Mateo 25:14-30):

- RVA Mateo 25:23 Su señor le dijo: "Bien, siervo bueno y fiel. Sobre poco has sido fiel, sobre mucho te pondré. Entra en el gozo de tu señor." RVA Mateo 25:30 Y al siervo inútil, echadlo en las tinieblas de afuera; allí habrá llanto y crujir de dientes.

Si todavía tienes poca fe, sé sincero con Dios y contigo mismo, y pídele como el padre del muchacho endemoniado:

RVA Marcos 9:24 Inmediatamente el padre del muchacho exclamó: "Creo, ayuda mi incredulidad".

I. **LA FE SALVADORA** Es la fe que Dios regala a toda criatura. Dios no quiere que nadie perezca, sino que todos se arrepientan. Dios dispuso que nadie se perdiera y que aquel que cayera pudiera arrepentirse. Por esto, Dios nos dio la misma medida de fe a cada uno, pero nuestra salvación depende del uso que hagamos de ella.

- RVA 2 Pedro 3:9 El Señor no retarda su promesa, según algunos entienden la tardanza, sino que es paciente para con vosotros, no queriendo que ninguno perezca, sino que todos procedan al arrepentimiento.
- RVA Romanos 12:3 Digo, pues, por la gracia que me ha sido dada, a cada uno de vosotros que no tenga más alto concepto de sí que el que debe tener, sino que piense de sí con buen juicio, según la medida de fe que Dios ha distribuido a cada uno.

Caín rechazó la fe que Dios le dio, a pesar de que Dios mismo le recordó que podía arrepentirse, ya que solo a través de esa fe podría salvarse. Sin embargo, Caín se rebeló y se ensañó en gran medida, y como no podía con Dios, mató a su hermano. Entonces, Dios lo expulsó de la tierra y de Su presencia porque Caín no quiso hacer uso de la fe para arrepentirse. Esa es la fe que despreciaron Lucifer y los ángeles caídos, y esa es la fe que desprecian aquellos que se pierden, porque es la fe en la sangre redentora de Jesucristo. Caín es un ejemplo clásico de apostasía, ya que no solo se negó a usar la fe salvadora, sino que también le dio la espalda a Dios. Cuando se pierde la fe salvadora, solo queda un camino por recorrer: el de los apóstatas, como Judas el Apóstol, quien, habiendo participado de lo mismo que los demás apóstoles de Cristo, finalmente eligió las riquezas del mundo y renunció a su fe, y por eso murió perdido, como un hijo de las tinieblas.

- LBLA Génesis 4:6 Entonces el SEÑOR dijo a Caín: "¿Por qué te has enfurecido y por qué ha decaído tu semblante?" 7 Si haces lo bueno, ¿no serás aceptado? Y si no lo haces, el pecado está a la puerta; su deseo es para ti, pero tú debes dominarlo.

La serpiente de bronce que Dios mandó hacer a Moisés en el desierto debía ser mirada con fe para que el veneno de las serpientes fuera anulado. Los israelitas que murieron allí no murieron por el veneno de las serpientes, sino porque no tuvieron fe (Números 21:4-9).

La fe salvadora no se compra ni se gana, sino que es dada por Dios exclusivamente para creer en la sangre redentora de nuestro Señor Jesucristo. Nadie puede creer en ella a través del razonamiento. Caín usó el razonamiento al ofrecer su sacrificio, pero a Dios no le agradó. Sin embargo, Abel usó la fe, y Dios se agradó de él y de su ofrenda. Por medio del Rhema de Dios, el Espíritu Santo se mueve y activa la fe que nos lleva a invocar el nombre de Dios para salvación.

- LBLA Romanos 10:8 Pero ¿qué dice? "Cerca de ti está la palabra, en tu boca y en tu corazón." Esta es la palabra de fe que predicamos 9 que si confiesas con tu boca a Jesús como Señor, y crees en tu corazón que Dios le resucitó de entre los muertos, serás salvo; 10 porque con el corazón se cree para justicia, y con la boca se confiesa para salvación.

II- **LA FE COMO DON ESPIRITUAL** Es uno de los nueve dones que el Espíritu Santo da a los santos de la iglesia para la edificación del Cuerpo de Cristo (1 Corintios 12:9). Pablo nos exhorta a anhelar los mejores dones, y uno de ellos es la fe (1 Corintios 12:31). La fe como don no puede ser desarrollada, ya que es dada por el Espíritu Santo según su voluntad y se manifiesta en personas y circunstancias específicas. Un ejemplo de esta fe es la de Pedro, quien la utilizó para sanar a un cojo de nacimiento (Hechos 3:1-8; 16). Sin embargo, este don no se le otorga a todos, sino solo a aquellos a quienes el Espíritu Santo desea usar de esta manera.

III- **LA FE COMO FRUTO ESPIRITUAL**

1. Es una faceta del fruto del Espíritu (Gálatas 5:22).
2. Como tal, es necesario cultivarla para poder participar de ella (2 Timoteo 2:6).
3. Debemos trabajarla con paciencia y dedicación para que crezca y se fortalezca (Apocalipsis 2:19).
4. La fe como fruto se manifiesta mediante la obediencia a las promesas de Dios. No se trata solo de confiar en que se cumplirá lo esperado, sino también de actuar en consecuencia y luego confesar que ha sido hecho. Un ejemplo es la mujer enferma del flujo de sangre, quien creyó en su corazón que al tocar el manto de Jesús sería sanada, y luego unió la acción a su fe al tocar el borde del manto, experimentando una sanidad instantánea (Lucas 8:43-48).

El capítulo 11 de Hebreos nos muestra ejemplos de hombres y mujeres de Dios que perseveraron hasta el final, confiando en el cumplimiento de las promesas de Dios.

5. Si no se pone en práctica, la fe puede debilitarse e incluso morir (Santiago 2:26). La fe se manifiesta y se perfecciona a través de las obras, ya que, si no se actúa según lo que se cree, ¿cómo puede desarrollarse? Es importante recordar que el razonamiento puede ser un obstáculo para el desarrollo de la fe.

No debemos permitir que el crecimiento excesivo nos impida actuar. Para actuar con fe, debemos ser como niños, despojándonos de la vanidad en nuestra mente y de los prejuicios en nuestro corazón. Además, debemos seguir las señales que Dios nos muestra, ya que Él nos reprenderá si no lo hacemos, porque las señales seguirán a los que creen.

CONCLUSIONES

1. La apostasía implica la pérdida de la fe salvadora.
2. La fe como don del Espíritu Santo no puede perderse, ya que pertenece solo al Espíritu y se da a quienes Él desea, para edificar el Cuerpo de Cristo.
3. La fe como fruto debe cultivarse para no perder los beneficios que se podrían haber obtenido si se hubiera desarrollado.
4. Debemos distinguir entre la fe genuina y el alarde de fe. La fe es del Espíritu, mientras que el alarde de fe es del ego.
5. Incluso los ministros principales pueden caer en apostasía si no cuidan su fe salvadora.
6. Aquellos que han creído en el mensaje de la salvación y están comenzando a caminar no deben frustrarse ni desanimarse si en algún momento pecan o si tienen dificultad para abandonar malos hábitos. A medida que permitamos que la Palabra se combine con nuestro fruto de fe, muchas de esas cosas del mundo desaparecerán gradualmente.

CAPITULO TRES

La Oración

LBA Lucas 3:21 Y aconteció que cuando todo el pueblo era bautizado, Jesús también fue bautizado: y mientras Él oraba, el cielo se abrió,

INTRODUCCIÓN La oración es la comunión con el Padre a través de Cristo y nos permite mantener el cielo abierto. Si enfocamos nuestro estudio en estos dos aspectos, encontraremos un gran tesoro para nuestra vida. Podemos afirmar que la oración es la clave para una vida espiritual abundante del cristiano, ya que el cristiano es lo que es en la oración. Además, la oración también nos ayuda a obtener lo que ha sido preordenado, ya que lo predestinado ocurrirá tanto si lo pedimos como si no.

TIPOS DE ORACIÓN

- ORACIÓN EN EL ATRIO

Esta oración se basa únicamente en pedir. Su lema es "dame". Presentamos nuestras quejas, dolores y todo tipo de necesidades, incluyendo la sanidad de nuestro cuerpo y otras cosas que consideramos añadiduras. Constantemente requerimos estas cosas a Dios.

Realizamos esta oración con nuestra mente, utilizando la luz natural que hay en el atrio. Nos acercamos a Dios utilizando nuestro razonamiento natural.

- Mateo 6:32 (LBLA) - Porque los gentiles buscan ansiosamente todas estas cosas; que vuestro Padre celestial sabe que necesitáis todas estas cosas.33 Pero buscad primero su reino y su justicia, y todas estas cosas os serán añadidas.

- ORACIÓN EN EL LUGAR SANTO

La oración en el lugar santo no se limita solo a pedir, sino que también agradecemos lo que Dios nos da. En este tipo de oración, hay alabanza que surge del Espíritu en nosotros, representada por la luz producida por el aceite en el candelero. Esta luz ilumina nuestro entendimiento con la ayuda del Espíritu, quien nos asiste en nuestra debilidad y en la oración inadecuada.

- 1 Corintios 14:14 (R60) - Porque si yo oro en lengua desconocida, mi espíritu ora, pero mi entendimiento queda sin fruto. 15 Qué, pues? Oraré con el espíritu, pero también oraré con el entendimiento; cantaré con el espíritu, pero también cantaré con el entendimiento. 26 Y de la misma manera, también el Espíritu nos ayuda en nuestra debilidad; porque no sabemos orar como debiéramos, pero el Espíritu mismo intercede por nosotros con gemidos indecibles. 27 Mas el que escudriña los corazones sabe cuál es la intención del Espíritu, porque conforme a la voluntad de Dios intercede por los santos.

Este tipo de oración, guiada por el Espíritu Santo, busca constantemente la voluntad del Señor, ya que anhela agradar a Dios.

- Romanos 12:2 (LBLA) - Y no os adaptéis a este mundo, sino transformaos mediante la renovación de vuestra mente, para que verifiquéis cuál es la voluntad de Dios: lo que es bueno, aceptable y perfecto.

En esta oración, nos rendimos y nos entregamos al Señor sin reservas. Cuando ministran al alma, encontramos una serie de obstáculos para el Espíritu, como la mente, los sentimientos, los complejos y otros. Estos obstáculos nos impiden alcanzar la consagración y, por ende, tener una vida de constante oración.

Esta oración es el clamor de nuestro espíritu con la ayuda del Espíritu Santo para:

- Ser revestidos de Cristo. Romanos 8:22 (R60) - Porque sabemos que toda la creación gime a una, y a una está con dolores de parto hasta ahora; 23 y no sólo ella, sino que también nosotros mismos, que tenemos las primicias del Espíritu, nosotros también gemimos dentro de nosotros mismos, esperando la adopción, la redención de nuestro cuerpo.
- Obtener su imagen. Gálatas 4:19 (R60) - "Hijitos míos, por quienes vuelvo a sufrir dolores de parto, hasta que Cristo sea formado en vosotros."
- Conocer los misterios de Cristo. Lucas 8:10 (RVA) - Y él dijo: 'A vosotros se os ha concedido conocer los misterios del reino de Dios; pero a los demás, en parábolas, para que viendo no vean, y oyendo no entiendan.
- Obtener la completa redención, es decir, la glorificación de nuestro cuerpo. 2 Corintios 3:18 (RVA) Por tanto, nosotros todos, mirando a cara descubierta como en un espejo la gloria del Señor, somos transformados de gloria en gloria en la misma semejanza, como por el Espíritu del Señor.

Por último, con la oración en el lugar santo reconocemos lo que Cristo hizo por nosotros en la cruz, pero también reconocemos lo que Él hace y hará si permitimos que Él obre.

- Colosenses 1:27 (RVA) - A estos, Dios ha querido dar a conocer cuáles son las riquezas de la gloria de este misterio entre las naciones, el cual es: Cristo en vosotros, la esperanza de gloria. 28 A él anunciamos nosotros, amonestando a todo hombre y enseñando a todo hombre con toda sabiduría, a fin de que presentemos a todo hombre, perfecto en Cristo Jesús.

- ORACIÓN EN EL LUGAR SANTÍSIMO

La oración en el lugar santísimo es una forma de oración que involucra adoración e intercesión.

- ADORACIÓN: En esta forma de oración, nos regocijamos en el Espíritu por lo que Dios es, más allá de lo que nos da o nos dará. Es una oración en la que nos sumergimos en el Espíritu, sin la ayuda o el auxilio del Espíritu. En este lugar, experimentamos la gloria de la Shekinah, la luz de su presencia.

    - Apocalipsis 1:10 (R60) - "Yo estaba en el Espíritu en el día del Señor, y oí detrás de mí una gran voz como de trompeta."
    - 2 Corintios 12:1 (RVA) Me es preciso gloriarme, aunque no es provechoso. Sin embargo, recurriré a las visiones y revelaciones del Señor 2 Conozco a un hombre en Cristo, que hace catorce años—si en el cuerpo, no lo sé; si fuera del cuerpo, no lo sé; Dios lo sabe—fue arrebatado hasta el tercer cielo."

    - 2 Corintios 12:4 (RVA) - "que fue arrebatado al paraíso, donde escuchó cosas inefables que al hombre no le es permitido expresar."

- INTERCESIÓN: La intercesión es una forma de oración en la que suplicamos y rogamos en favor de otras personas, mediando por ellas. En este tipo de oración, nos olvidamos de nosotros mismos y nos entregamos por completo en oración por aquellos a quienes amamos. Surge como resultado de haber contemplado la gloria de Dios.

    - Juan 15:13 (R60) - Nadie tiene mayor amor que este, que uno ponga su vida por sus amigos.
    - Gálatas 4:19 (RVA) - Hijitos míos, por quienes vuelvo a sufrir dolores de parto hasta que Cristo sea formado en vosotros.

La intercesión no es simplemente una oración superficial, sino una entrega total en la oración por aquellos a quienes amamos. Pablo describe este tipo de oración como sufrir dolores de parto hasta que Cristo sea formado en las personas por las que intercedemos.

Moisés fue llamado a interceder cuando vio la zarza ardiente que no se consumía. Después de contemplar la gloria de Dios, se convirtió en el intercesor de Israel.
Además, Cristo, nuestro Sumo Sacerdote, intercede por nosotros en el cielo, en el lugar santísimo.

- Romanos 8:34 (RVA) - ¿Quién es el que condenará? Cristo es el que murió; más aún, es el que también resucitó; quien, además, está a la diestra de Dios, y quien también intercede por nosotros."
- Hebreos 4:14 (LBLA) - "Teniendo, pues, un gran sumo sacerdote que trascendió los cielos, Jesús, el Hijo de Dios, retengamos nuestra fe.15 Porque no tenemos un sumo sacerdote que no pueda compadecerse de nuestras flaquezas, sino uno que ha sido tentado en todo como nosotros, pero sin pecado. 16 Por tanto, acerquémonos con confianza al trono de la gracia para que recibamos misericordia, y hallemos gracia para la ayuda oportuna.

- FORMAS DE ORAR: En la Biblia, encontramos diversas formas de oración. Una de ellas es la oración en grupo, donde la iglesia o congregación ora fervientemente a Dios en unidad.

    - Hechos 12:5 (R60) - Así que Pedro estaba custodiado en la cárcel, pero la iglesia hacía sin cesar oración a Dios por él.

También está la oración en parejas o en grupos más pequeños, donde dos o más personas se reúnen para orar específicamente por una petición.

Y finalmente, está la oración individual, personal, en la intimidad o en secreto. Cuando oremos, recordemos lo siguiente:

- La oración es personal. Mateo 6:5 (RVA) - Cuando ores, no seas como los hipócritas, que aman orar de pie en las sinagogas y en las esquinas de las calles para ser vistos por los hombres. De cierto os digo que ya tienen su recompensa.
- Dios ama la sinceridad en la intimidad. Mateo 6:6 (RVA) - Pero tú, cuando ores, entra en tu habitación, cierra la puerta y ora a tu Padre que está en secreto; y tu Padre que ve en lo secreto te recompensará.
- La oración no es un rito aprendido. Mateo 6:7 (RVA) - Y al orar, no uséis vanas repeticiones, como los gentiles, que piensan que por su palabrería serán oídos.
- La oración es para comunicarnos con Dios. Mateo 6:8 (RVA) - Por tanto, no os hagáis semejantes a ellos, porque vuestro Padre sabe de qué cosas tenéis necesidad antes que vosotros le pidáis.
- Tenemos un modelo de oración. Lucas 11:1 (R60) - Aconteció que estaba Jesús orando en un lugar, y cuando terminó, uno de sus discípulos le dijo: 'Señor, enséñanos a orar, como también Juan enseñó a sus discípulos'.

Esta forma de orar se aprende. Los discípulos le pidieron al Señor que les enseñara a orar. La razón por la que se lo pidieron es porque veían el fruto de su comunión con el Padre. La oración del Padre Nuestro, como se conoce comúnmente, no es otra cosa que un modelo, una luz acerca de lo que realmente debemos considerar al ponernos a orar. Por eso, el Señor insistió en que no se trataba de repetirla, pues eso sería vano y sin fruto; se trataba de entenderla, de comprender el mensaje que había detrás de esa oración. Veamos:

- **Padre nuestro:** nos habla de nuestro parentesco o relación con el Señor, es un reconocimiento de que somos hijos de Dios. Jesús no lo llamó "Padre Mío", sino "Padre Nuestro". Ninguno en el Antiguo Testamento, ni Moisés, que vio a Dios cara a cara, ni Abraham, ni Isaac, ni José, ni Jacob, ni siquiera Elías, que se fue sin ver muerte, tuvieron el privilegio de saber o vivir el parentesco con Dios. Con esta frase nos damos cuenta de dos situaciones: primero, que somos hijos de Dios, y segundo, que Él es Padre no solo mío, sino también tuyo y de todo aquel que ha reconocido a Cristo como salvador.

- **Que estás en los cielos**: nos muestra dónde está Dios y nos revela nuestra visión. Nuestra visión debe estar puesta en las cosas de arriba, no en las de la tierra, como dice la Escritura:

- (Colosenses 3:2). ¿Dónde realmente está puesta nuestra mirada? Entendamos que nuestra visión es saber que todo lo que nos va a venir, vendrá de arriba. No dependerá de nuestros contactos o influencias; si se nos da, es porque Dios lo ha permitido. Aunque haya crisis, los hijos de Dios no las pasarán, por eso nuestra visión debe estar en el cielo, nuestros ojos deben estar fijos en el cielo, porque donde esté nuestro tesoro, allí estará nuestro corazón.

- **Santificado sea tu nombre**: nos habla de nuestra naturaleza, lo cual nos remite a la santidad, porque esa es nuestra naturaleza. Por eso dice: "El que está en Cristo es una nueva criatura" (2 Corintios 5:17). Antes de conocer a Dios, nos encomendábamos a los santos y a cuantas cosas el hombre se ha inventado como sustitutos de Dios, para lograr virtudes o cualidades, pero ahora hemos entendido que las cualidades de una iglesia pura, virgen, madura y sin manchas vienen implícitas en nuestra nueva naturaleza espiritual. Nuestra naturaleza y apellido es Iglesia de Cristo. Entonces, espiritualmente hablando, en nuestras venas corre la sangre de Cristo Jesús, nuestro hermano Mayor, que nos hace santos. La santidad ya está en nuestra naturaleza y el Espíritu Santo nos guiará y enseñará para mantenernos como una iglesia madura digna de ser tomada en el rapto.

    - RVA 2 Corintios 5:17: De modo que, si alguno está en Cristo, nueva criatura es; las cosas viejas pasaron; he aquí, todas son hechas nuevas.

- **Venga tu reino**: Nos marca mi posición. Estamos invocando que venga un reino, y sabemos que quien gobierna en un reino es un REY. JESÚS es nuestro Rey y nosotros sus siervos. Todos somos siervos, súbditos de Dios. Y así como es el Rey, así será el Reino. Dejemos gobernar al Rey Jesús. Si dejamos que el Espíritu Santo guíe nuestros corazones, entonces seremos como es el Rey. Cuando las cosas no van bien, es porque no oramos bien. Hay que invocar que venga el reino de Dios. Dejemos que nuestro Rey Jesús reine en nuestro reino, en nuestra familia, iglesia, trabajo y vida propia.

- **Hágase tu voluntad**: Indica mi rendición. Hay que estar dispuestos a que Dios haga su voluntad en nosotros para que nos salgan bien las cosas, porque dice la Palabra:

    - LBLA Mateo 10:29 ¿No se venden dos pajarillos por un cuarto? Y sin embargo, ni uno de ellos caerá a tierra sin permitirlo vuestro Padre.
    - LBLA Mateo 10:30 Y hasta los cabellos de vuestra cabeza están todos contados.
    - LBLA Mateo 10:31 Así que no temáis; vosotros valéis más que muchos pajarillos.

Esto indica que Él nos conoce personalmente y tiene un plan maravilloso para cada uno. Dios nos tiene el mejor futuro que podamos imaginar, pero tenemos que hacer su voluntad. Hay un lugar específico, una iglesia, un talento específico para que nos desarrollemos, y que, por la voluntad de Dios, es para nuestra bendición. Cuando no andamos en el lugar o el camino que Dios marcó para nosotros, no hay bendición. Cuando nosotros confesamos: "Hágase tu voluntad", es duro, pero los resultados valen la pena. El mejor ejemplo es Jesús, que fue obediente a la voluntad de su Padre hasta la muerte, y en el Getsemaní confesó: "Padre, hágase tu voluntad y no la mía".

- **Así en la tierra como en el cielo**: Habla de mi clonación. Lo que implica esta frase de esta hermosa oración es que, así como se hacen las cosas en el cielo, se hagan en la tierra porque el Dios soberano merece que le agradezcamos, lo honremos y glorifiquemos como lo hacen en el cielo. El plan de Dios es tallarnos en su mano para hacernos iguales a su hijo amado, igual a Cristo. Que seamos clones de Cristo. Su plan es hacer millones de Cristos (ungidos).

- **Danos hoy el pan nuestro de cada día**: Este versículo habla de mi provisión. Podemos pedir la bendición cada día; sin embargo, Dios nos puede enviar toda la bendición de una vez, y se vale pedirle la provisión para todo el año, pero Dios nos hace exámenes porque unos se preparan y otros no para recibir las bendiciones. Por eso, Dios nos envía las pruebas para prepararnos y que tengamos la madurez para recibir las bendiciones. Las pruebas no son solo de sufrimiento, sino también de cosas buenas. Dios nos va a dar cosas mejores, pero nos va a probar. Tenemos que humillarnos cuando Dios nos dé cosas buenas. Debemos escuchar la voz de Dios. Cuando Dios nos diga que hagamos algo y nos esté bendiciendo, es cuando más debemos hacerle caso. Una prueba difícil de superar y salir aprobados de ella es la prosperidad y la bendición de Dios. No obstante, si pasamos esta prueba, nos dará más, y si no la pasamos, nos quitará la bendición.

    - LBLA Lucas 16:10: El que es fiel en lo muy poco, es fiel también en lo mucho. Seamos fieles a las bendiciones que Dios nos da.

- **Y perdónanos nuestras deudas como también nosotros hemos perdonado a nuestros deudores**: Este verso nos enseña sobre mi ley de siembra y cosecha. El Señor nos enseña sobre la Ley Universal de la Siembra y la Cosecha, y una de las consecuencias de esto es el perdonar, porque nos puede tocar el momento de perdonar o pedir perdón. Uno de los discípulos de Dios que le costaba perdonar era Pedro, y hasta que él falló y recibió el perdón de Dios, pudo entender y perdonar a los que le fallaban. Jesús predicaba sobre perdonar a los que nos persiguen, a los que nos ofenden, a los que nos fallan, así como Él nos ha perdonado.
    - LBLA Mateo 18:21: Entonces se le acercó Pedro y le dijo: "Señor, ¿cuántas veces pecará mi hermano contra mí que yo haya de perdonarlo? ¿Hasta siete veces?"
    - LBLA Mateo 18:22 Jesús le dijo: "No te digo hasta siete veces, sino hasta setenta veces siete".
    - "Perdonemos para ser perdonados.
- **Y no nos metas en tentación**: esta es Mi Petición. Le pedimos a Dios que nos libre de la tentación, que no permita que caigamos en ella.
    - LBLA Proverbios 24:16: "Porque el justo cae siete veces; y vuelve a levantarse".

Así que tenemos la seguridad de que, si caemos, el Señor nos levantará. Además, la Biblia dice:

- LBLA 1 Corintios 10:13: "No os ha sobrevenido ninguna tentación que no sea común a los hombres; y fiel es Dios, que no permitirá que seáis tentados más allá de lo que podéis soportar, sino que con la tentación proveerá también la vía de escape, a fin de que podáis resistirla".

También la Palabra de Dios dice que Él libra al justo de la tentación. Nuestro Creador sabe que somos débiles y que fallamos, y nos entiende. Si caemos, levantémonos y sigamos adelante, pero procuremos hasta la sangre no caer en pecado y huir de la tentación, porque Dios siempre nos da una salida.

- **Líbranos del mal**: esta es Mi Esperanza, la esperanza de ser librados del mal. Pidamos a Dios que nos libre de todo peligro, de toda obra de las tinieblas que quiera operar en nosotros y contra nosotros. Oremos en intercesión por nosotros y nuestra familia. Apartémonos del mal, para que no tenga poder ni dominio sobre nosotros.

- **Porque tuyo es el reino y el poder y la gloria para siempre jamás**: esta es Mi Adoración. El Señor nos enseña a adorar al Padre. Termina esta oración reconociendo que el Reino, el poder y la gloria son de Dios para siempre. Nuestro Dios es digno de toda adoración, y Jesús mismo comprende que todo lo que respira alaba a Jehová. Reconozcamos que nuestro Dios es eterno, todopoderoso y merecedor de toda gloria, ya que todo proviene de Él.

- Lo que Jesús nos enseña con esta oración es a ser como Él, a orar con conocimiento de quiénes somos. En esta oración aprendemos:
    - Que tenemos parentesco con Dios.
    - Que debemos tener visión para acercarnos a Él.
    - Que ahora somos parte de una nueva naturaleza.
    - Que ocupamos una posición de siervos, y Cristo es el Rey.
    - Que la rendición de nuestro ser es lo que Dios espera.
    - Que nuestra meta es llegar a ser como Cristo.
    - Que nuestra provisión viene de Dios.
    - Existe una ley de siembra y cosecha que siempre se cumple.
    - Nuestra petición debe ser que la tentación no nos venza.
    - Nuestra esperanza es que el mal no se acerque a nosotros.
    - La adoración es lo que Dios espera recibir de nosotros cada día.

CÓMO VENCER EN LA ORACIÓN

- **Renovación del entendimiento**:

Debemos renovar nuestra mente para poder entender a Dios y sus caminos, abandonando nuestro razonamiento.

- RVA Romanos 12:2: "No os conforméis a este mundo; más bien, transformaos por la renovación de vuestro entendimiento, de modo que comprobéis cuál sea la voluntad de Dios, buena, agradable y perfecta".

Debemos limpiar nuestra mente de toda malicia para no distraernos en la oración con pensamientos ajenos a Dios.

- R60 Efesios 6:16: "Sobre todo, tomad el escudo de la fe, con el que podáis apagar todos los dardos de fuego del maligno".

También debemos limpiar nuestra conciencia. Esto se logra aplicando constantemente la sangre de Cristo para no ser acusados ni estorbados por sentimientos de indignidad o culpa delante de Dios.

- R60 Tito 1:15: "Todas las cosas son puras para los puros, más para los corrompidos e incrédulos nada les es puro; pues hasta su mente y su conciencia están corrompidas".

Hay varios pasajes en la Biblia que nos hablan de la posibilidad de ser atacados en la mente con acusaciones, difamaciones y vituperios del diablo hacia los hijos de Dios. Dios permite estos ataques muchas veces para que renovemos nuestra mente y busquemos someternos al Señor en momentos difíciles.

- R60 Santiago 4:7: "Someteos, pues, a Dios; resistid al diablo, y huirá de vosotros".
- R60 Lucas 10:19: "He aquí os doy potestad de hollar serpientes y escorpiones, y sobre toda fuerza del enemigo, y nada os dañará".
- R60 Zacarías 3:1: "Me mostró al sumo sacerdote Josué, el cual estaba delante del ángel de Jehová, y Satanás estaba a su mano derecha para acusarle".

- **La perseverancia**: Es tener autodisciplina guiada por el Espíritu Santo (Lucas 11:5-13; 18:1-8). Perseverancia significa esperar en Dios, caminar por fe y no por vista. Si no perseveramos en la oración, podríamos dejar que Dios nos dé la respuesta justo cuando estamos a punto de recibirla. Debemos vencer la pereza, la impaciencia y la inconstancia, que son algunos de los enemigos que nos impiden perseverar en la oración.

La debilidad y la fatiga:

La pesadez de ánimo, la distracción, la depresión y la tristeza también pueden afectarnos. En el Getsemaní, los discípulos fueron asaltados por una profunda tristeza y pesadez, y en lugar de ayudar con su oración, se quedaron dormidos.

- R60 Lucas 22:45: "Cuando se levantó de la oración, y vino a sus discípulos, los encontró durmiendo a causa de la tristeza".

Esto sucede con frecuencia, pero debemos superarlo con la autoridad que tenemos, ya que muchas veces son espíritus que intentan obstaculizarnos delante de Dios. Otras veces, nuestra alma se estanca y debilita. En la oración personal, es crucial vencer esta situación, y el Señor está ahí para brindarnos la victoria en todo momento.

Conocer la voluntad de Dios: Hay una barrera que nos impide conocer la voluntad de Dios para nuestra vida. Aquí también el Señor quiere que seamos victoriosos.

Si queremos agradar al Señor y cambiar lo que es cambiable, es necesario pedir y buscar lo que él desea cambiar en nosotros. Aquel que se deja guiar por Dios desea serle agradable. Todos los que tienen al Espíritu Santo descubrirán que su anhelo es que conozcamos su voluntad y la vivamos cada día. Debemos pedir y recibir solo si es conforme al deseo de Dios y no al nuestro. Para lograr esto, debemos experimentar un cambio profundo en nuestra mente y actitud (metanoia).

Fue en el Getsemaní (un lugar de olivas machacadas) donde Cristo pidió al Padre que se hiciera su voluntad. Así también, en nuestro Getsemaní, debemos pedir al Padre que se haga su voluntad. Si las cosas cambian en el cielo, también cambiarán en la tierra (Mateo 6:10). Este fue el propósito del modelo de oración que el Señor dejó a sus discípulos en el Padre Nuestro. La oración no consiste en repeticiones vacías, ya que estas no llegan a ninguna parte. La oración son expresiones personales que provienen de nuestro corazón y tienen la intención de comunicarnos con el Padre.

CONCLUSIONES

- Debemos orar para mantener la comunión con el Padre y que el cielo este abierto para nosotros.
- Debemos conocer la voluntad del Padre y eso solo se logra por medio de la oración.
- Debemos orar para cambiar lo cambiable, y para obtener lo preordenado.
- Debemos dejar que el Espíritu sea el que nos lleve a la Shekinah de Dios.
- Hay un modelo de oración que debemos seguir para que nuestras oraciones sean escuchadas, nótese que es seguir el modelo, no repetirlo.
- La oración no son vanas repeticiones porque estas no llegan a ningún lado, la oración son expresiones propias y salidas de nuestro corazón que llevan la intención de comunicarnos con el Padre.

CAPITULO 4

La Consagración

"Y no os adaptéis a este mundo, sino transformaos mediante la renovación de vuestra mente, para que verifiquéis cuál es la voluntad de Dios: lo que es bueno, aceptable y perfecto".
Romanos 12:2

INTRODUCCIÓN

En estos tiempos, surge en la mente y corazón de todo creyente genuino la pregunta: ¿Qué es consagración? El Señor nos llama constantemente a través de Su palabra a consagrarnos a Él, utilizando poderosamente los ministerios establecidos por Él. Las respuestas más comunes dentro del pueblo del Señor suelen ser: apartarse para Dios, amar a Dios de tal manera que no se peque, estar activo en la obra del Señor (asistir a todos los cultos) y tener el poder de Dios.

También se nos amonesta con la frase "conságrate al Señor", pero el problema radica en que no tenemos una comprensión clara de lo que realmente significa consagrarse a un Dios santo, todopoderoso y misericordioso.

La consagración es sumamente importante, ya que es nuestra parte en el proceso, mientras que el Señor nos santifica. Sin santidad, nadie podrá ver al Señor (Hebreos 12:14). Hemos sido llamados por el Señor a la santificación (1 Tesalonicenses 4:7), la cual opera en nosotros a través del poder del Espíritu Santo que habita en nuestro ser (Efesios 3:16).

- Hebreos 12:14 (LBLA): "Buscad la paz con todos y la santidad, sin la cual nadie verá al Señor."
- 1 Tesalonicenses 4:7 (LBLA): "Porque Dios no nos ha llamado a impureza, sino a santificación."
- Efesios 3:16 (LBLA): "para que os conceda, conforme a las riquezas de su gloria, ser fortalecidos con poder por su Espíritu en el hombre interior."

I – ES UNA OBRA DE DIOS

Es importante destacar que no es nuestra obra, sino lo que el Señor realiza en nosotros. En cuanto al espíritu del hombre, este ya está unido al Espíritu de Cristo; sin embargo, el problema reside en nuestra alma.

No son nuestras obras las que nos justifican, ya que todas las buenas obras han sido preparadas por el Señor (Efesios 2:10). Es el Señor quien obra en nosotros para que podamos hacer el bien con aptitud (Hebreos 13:21), ya que Él es quien pone en nosotros el deseo y la capacidad para cumplir Su voluntad (Filipenses 2:13). Debemos dar gracias a Dios, quien nos ha llamado y llevará a cabo Su obra en nosotros.

- Hebreos 13:21 (LBLA): "os haga aptos en todo lo bueno para hacer su voluntad, haciendo él en nosotros lo que es agradable delante de él por medio de Jesucristo, a quien sea la gloria por los siglos de los siglos. Amén."
- Efesios 2:10 (LBLA): "Porque somos hechura de Dios, creados en Cristo Jesús para hacer las buenas obras que Dios preparó de antemano para que anduviésemos en ellas."
- Filipenses 2:13 (LBLA): "porque Dios es el que produce en vosotros tanto el querer como el hacer, para cumplir su buena voluntad."

II – NUESTRA PARTE

Ante el llamado del Señor y sabiendo que todas Sus promesas en Él son verdaderas, nuestra responsabilidad es obedecer (2 Corintios 1:20). La palabra "por medio de" indica un camino y la consagración tiene como resultado final "caminar en el Espíritu". Sin embargo, esto es el resultado. En el obedecer y en lo que debemos hacer para obedecer, radica el obstáculo que nos impide vivir la consagración que Dios nos demanda. El Señor no es injusto al pedirnos algo que no podemos dar, ya que nos ha dado a Jesucristo y todas las cosas que necesitamos (incluida la restauración de nuestras almas).

- 2 Corintios 1:20 (LBLA): "Porque todas las promesas de Dios son en Él 'sí', y por medio de Él decimos 'amén' para gloria de Dios."

Por lo tanto, es vital que tengamos nuestros pies firmes en la roca que es Cristo y que conozcamos Sus promesas, sabiendo que Él es poderoso para sostenemos y guardarnos sin caída. Necesitamos cambiar nuestra actitud hacia las cosas que nos estorban, comprendiendo que nuestro Señor es Señor de todo y que nada está fuera de Su control. Todas las circunstancias, los conflictos en nuestra alma y nuestras caídas solo sirven para mostrarnos la necesidad que tenemos de Su ayuda.

Un hombre consagrado es aquel que sabe que sin la ayuda del Señor no podrá agradarlo, pero que está dispuesto a seguir a Cristo. Esto implica tomar nuestra cruz cada día y seguirlo por encima de todas las cosas. Incluso cuando somos tentados, el Señor nos muestra nuestras áreas débiles y nos proporciona una salida, pero está en nuestra decisión obedecer o no la voz de Dios.

III – HACERLO POR AMOR

Para amar a Cristo, es preciso creer en lo que dice (1 Juan 4:19). Esto garantiza que podemos amar, porque todo aquel que ama conoce a Dios (1 Juan 4:7). Es necesario conocerlo para poder amarlo. Veamos un ejemplo: cuando usted conoció, vio o supo de la que hoy es su esposa, la amó. Pero al pasar de los años de convivir, de conocerse en la dimensión de la palabra cuando dice Adán conoció a Eva (Génesis 4:1), se da cuenta de que ahora la ama más, porque la conoce, o viceversa.

- 1 Juan 4:19 (LBLA): "Nosotros amamos, porque Él nos amó primero."
- 1 Juan 4:7 (LBLA): "Amados, amémonos unos a otros, porque el amor es de Dios, y todo aquel que ama ha nacido de Dios y conoce a Dios."

Por lo tanto, para obedecer a Cristo por amor, es necesario conocerlo, dándole mucho realce a la intimidad que cada uno pueda tener con el Señor. Por eso, la consagración es más que un conocimiento (logos), es una forma de vida (rhema).

A) RENOVAR NUESTRA MENTE

Es permitir que el Señor cambie nuestros pensamientos por los Suyos. Es amar Su palabra y apresurarnos a ponerla en práctica.

B) CAMBIAR DE ACTITUD

Convertirnos al Señor en todas las áreas de nuestra vida.

C) CREER QUE EL SEÑOR TIENE UN PROPÓSITO PARA NOSOTROS

Es saber que todos Sus pensamientos para nosotros son de bien, y que, aunque pasemos por el desierto, Él hablará a nuestro corazón (Oseas 2:14). Aunque seamos metidos en la red, Él nos bendecirá (Salmo 66:8-12).

- Oseas 2:14 (LBLA): "Por tanto, he aquí, yo la seduciré, la llevaré al desierto y le hablaré al corazón."
- Salmo 66:12 (LBLA): "Hiciste cabalgar sobre nuestras cabezas; pasamos por el fuego y por el agua, pero nos has sacado a un lugar de abundancia."

Nuestro Señor Jesucristo es el mejor ejemplo de un hombre totalmente consagrado. Sabiendo que después de la cruz llevaría a muchos hijos a la gloria, la padeció. También podemos ver Su máximo ejemplo de obediencia y Su actitud santa delante del Padre en Getsemaní, cuando dijo: "Abba, Padre" (Marcos 14:32-42).

- Marcos 14:35 (LBLA): "Y yéndose un poco más adelante, cayó en tierra y oraba que si era posible, pasara de El aquella hora."
- Marcos 14:36 (LBLA): "Y decía: Abbá, Padre, todas las cosas son posibles para ti; aparta de mí esta copa; pero no sea lo que yo quiero, sino lo que tú quieres."

D) ACEPTAR LA VOLUNTAD DEL SEÑOR SOBRE LA NUESTRA

El mismo Señor dijo: "La carne es débil, aunque el espíritu está dispuesto". Por eso nos dice que Su poder se perfecciona en nuestra debilidad, porque es necesario entender y conocer lo que nos espera en Cristo, la esperanza de la gloria.

E) OFRECERNOS AL SEÑOR

Nuestro Dios es un Dios que se oculta, y solo aquellos que lo buscan lo encuentran. Por eso, es necesario subir al monte del Señor para ofrecernos voluntariamente (Romanos 12:1). Debemos hacerlo conscientes, porque el Señor hará lo que se ha determinado hacer, ya que todas las almas son Suyas (Ezequiel 18:4). Ahora, preguntémonos: ¿en qué manos estaremos mejor, en las del Señor o en las nuestras? Es mejor presentarnos ante Él tal y como somos, porque Dios no puede ser burlado y Él nos transformará.

- Ezequiel 18:4 (LBLA): "He aquí, todas las almas son mías; tanto el alma del padre como el alma del hijo son mías. El alma que peque, esa morirá."

El Señor no busca ni quiere títeres, sino hombres y mujeres que se acerquen conscientemente a Él, para hacerlo Señor de sus vidas. Esto implica aceptar el señorío de Cristo.

F) CONSIDERARNOS Y VIVIR COMO PEREGRINOS

Esto conlleva saber que nuestra vida es como la hierba, que florece en la mañana y en la tarde ya no es. Entender que nuestra vida en esta tierra es como un soplo (1 Pedro 1:24). Esto nos ayudará a estar siempre expectantes de lo nuevo que el Señor hará en nosotros, porque ha prometido que todas las cosas serán hechas nuevas (2 Corintios 5:17). Esto debe provocar en nosotros el deseo de vivir los días que nos quedan en la tierra para el Señor. Anhelamos volver a nuestro Dios, de donde hemos venido (Filipenses 3:20).

- 1 Pedro 1:24 (LBLA): "Porque toda carne es como hierba, y toda su gloria como flor del campo. La hierba se seca y la flor se marchita."
- 1 Pedro 1:25 (LBLA): "Pero la palabra del Señor permanece para siempre. Y esta es la palabra que os fue predicada como evangelio."

- 2 Corintios 5:17 (LBLA): "De modo que si alguno está en Cristo, nueva criatura es; las cosas viejas pasaron; he aquí, son hechas nuevas."

- Filipenses 3:20 (LBLA): "Porque nuestra ciudadanía está en los cielos, de donde también esperamos al Salvador, el Señor Jesucristo."

G) JAMÁS CONFIARNOS NI APOYARNOS EN NUESTRA PROPIA PRUDENCIA

No debemos ser como Sansón, quien confió más en lo que Dios le había dado que en Aquel que lo llena todo y provee todas las cosas. El Señor también le habla a la iglesia de Efeso, recriminándoles que han dejado su primer amor (Apocalipsis 2:4). Esto nos muestra que sin Cristo no podemos permanecer (Juan 15:5).

- Apocalipsis 2:4 (LBLA): "Pero tengo algo contra ti, que has abandonado tu primer amor."

- Juan 15:5 (LBLA): "Yo soy la vid y vosotros los pámpanos; el que permanece en mí y yo en él, éste lleva mucho fruto, porque separados de mí nada podéis hacer."

CONCLUSIONES

Traigamos todas nuestras cargas, dudas, temores, hogar, trabajo y servicio a Cristo, a Su santa presencia. Pidámosle que se haga Su voluntad en nuestra vida y estemos dispuestos a que el Señor obre en nosotros conforme a Su corazón. Oremos para que nos dé entendimiento y que nuestros ojos lo vean.

Subamos al monte como lo hizo Abraham, con una mano sosteniendo la antorcha (representando al Espíritu) y en la otra el cuchillo o espada (representando la Palabra). Es la hora en que el Padre nos está buscando. Subamos al altar de Dios y encontraremos reposo para nuestras almas.

CAPITULO 5

La Devoción del Alma

RVA Romanos 6:12 No reine, pues, el pecado en vuestro cuerpo mortal, de modo que obedezcáis a sus malos deseos.13 Ni tampoco presentéis vuestros miembros al pecado, como instrumentos de injusticia; sino más bien presentaos a Dios como vivos de entre los muertos, y vuestros miembros a Dios como instrumentos de justicia. 14 Porque el pecado no se enseñoreará de vosotros, ya que no estáis bajo la ley, sino bajo la gracia.

INTRODUCCIÓN Podemos definir la devoción como la prontitud con la que se está dispuesto a hacer algo. Por lo tanto, podemos deducir que la devoción del alma es la disposición pronta del alma a la voluntad del Espíritu. Debido al pecado, el alma se reveló contra Dios y se degeneró hasta el punto de perder todo contacto con su creador.

En este estudio, exploraremos la importancia de que un cristiano nacido de nuevo disponga su alma a la voluntad del Espíritu Santo, quien ha sido designado para guiarnos hacia toda verdad, permitiéndonos alcanzar la estatura del varón perfecto para obtener la plenitud de Cristo. Al leer el capítulo cinco del libro de Romanos, podemos comprender que nuestra alma no podía tener ninguna disposición para buscar a Dios porque era esclava del pecado, como se ilustra en la analogía del matrimonio (Rom 7:1-6; 6:16-23).

- RVA Romanos 7:1 Hermanos (hablo con aquellos que conocen la ley), ¿ignoráis que la ley se enseñorea del hombre mientras él vive?
- RVA Romanos 6:17 Pero gracias a Dios, porque, aunque éramos esclavos del pecado, habéis obedecido de corazón la forma de enseñanza a la cual habéis sido entregados;
- RVA Romanos 6:18 y habiendo sido libertados del pecado, os habéis hecho siervos de la justicia.

Por eso, Cristo, que es la máxima expresión del amor de Dios por nosotros, nos justificó, haciéndose pecador sin serlo, llevando en su sacrificio nuestra culpa, y nos liberó del pecado. Así, nuestra alma recupera la disposición de servirle por gratitud. Como resultado, obtenemos la reconciliación o paz con Dios a través de nuestro Señor Jesucristo (Romanos 5:1). Del mismo modo que por la desobediencia del primer Adán nuestra alma se volvió desobediente e indispuesta a la voluntad de Dios, también, a través de la obediencia de Cristo, el último Adán, nuestra alma, dentro del nuevo nacimiento, debe disponerse a la obediencia, lo cual es agradable a Dios.

I – OBEDIENCIA EN LUGAR DE SACRIFICIO Ahora, nuestra alma debe consagrarse o disponerse a la vida en el Espíritu, a la cual Dios nos ha llamado para regocijarnos en su presencia.

- RVA Romanos 6:6 Sabemos que nuestro viejo hombre fue crucificado juntamente con Él, para que nuestro cuerpo de pecado sea destruido, a fin de que ya no seamos esclavos del pecado;
- RVA Romanos 6:7 porque el que ha muerto ha sido justificado del pecado.

El pecado intentará influir en nuestra alma, pero debemos considerarla muerta al pecado, ya no le pertenece, sino a Aquel que la redimió de su iniquidad, que la sacó de la ciudad de maldición y la trajo a la casa del pan (Rut 1:7).

- RVA Rut 1:6 Entonces Noemí se levantó con sus nueras para regresar de los campos de Moab, porque allí oyó que Jehová había visitado a su pueblo para darles pan. 7 Salió del lugar donde estaba con sus dos nueras y emprendieron el camino de regreso a la tierra de Judá.

El viejo hombre ha sido vencido por Cristo y ahora nuestros amores están puestos en Él, quien produce frutos de vida abundante. Somos libres del pecado porque Cristo pagó el precio de nuestra libertad con su sangre, y nos hemos convertido en siervos suyos por amor (Rom 6:15-23). El hombre carnal no puede tener devoción al Espíritu, ya que no puede someterse a la ley del Espíritu. Aquel que no se deja guiar por el Espíritu no puede estar sujeto a Cristo. Por eso, nuestra alma debe ser sensible al Espíritu, como la tierra al labrador, para producir frutos del Espíritu (Rom 7).

CONCLUSIONES

1. No presentemos la voluntad de nuestra alma a los criterios del presente, sino procuremos que nuestra alma siga los pasos de la restauración, y así verifiquemos lo que Dios requiere de nosotros.
2. Como sacerdotes, ministremos en obediencia y sacrifiquemos nuestra alma como el cordero en holocausto, en olor grato a Dios, que es nuestro culto racional.
3. Como reyes, ya no estamos gobernados por el pecado, sino que gobernamos nuestros miembros de este cuerpo mortal como instrumentos de justicia, obedeciendo el evangelio de la gracia que no condena ni destruye, sino que nos lleva a la libertad.
4. Llevemos nuestra alma en el Espíritu hacia la plenitud de la restauración y la adoración.
5. La redención es una obra completamente de Dios.
6. La redención se lleva a cabo a través de una persona.
7. El vehículo de la redención es la sangre.
8. Hay un poder mediador en la sangre.
9. La sangre de Cristo redime al creyente de la culpa y el castigo del pecado, y el poder del Espíritu lo libera del dominio del pecado.

RVA Romanos 8:1 Ahora, pues, ninguna condenación hay para los que están en Cristo Jesús, RVA Romanos 8:2 porque la ley del Espíritu de vida en Cristo Jesús me ha librado de la ley del pecado y de la muerte. RVA Efesios 2:1 En cuanto a ustedes, estaban muertos en sus delitos y pecados, RVA Efesios 2:2 en los cuales anduvieron en otro tiempo, siguiendo la corriente de este mundo y conforme al príncipe de la potestad del aire, el espíritu que ahora actúa en los hijos de desobediencia.

CAPITULO 6

La Libertad Cristiana

LBLA 1Corintios 6:12 Todas las cosas me son lícitas, pero no todas son de provecho. Todas las cosas me son lícitas, pero yo no me dejaré dominar por ninguna.
LBLA Romanos 14:22 La fe que tú tienes, tenla conforme a tu propia convicción delante de Dios. Dichoso el que no se condena a sí mismo en lo que aprueba.

INTRODUCCIÓN

La verdadera libertad cristiana se experimenta al estar sujetos al Espíritu Santo. Esta libertad se manifiesta cuando un creyente puede someter su alma a los mandamientos del Espíritu Santo, incluso cuando no están literalmente escritos en la Biblia.

Permitir que nuestro Señor dirija nuestra vida nos garantiza alcanzar la madurez necesaria para no buscar agradarnos a nosotros mismos (Romanos 15:1), sino más bien tener el mismo sentir unos con otros, en conformidad con Cristo Jesús (Romanos 15:5), para que juntos glorifiquemos al Dios Padre de nuestro Señor Jesucristo (1 Corintios 8:9-13).

- LBLA Romanos 15:1 Así que, nosotros los que somos fuertes, debemos sobrellevar las flaquezas de los débiles y no agradarnos a nosotros mismos.
- LBLA Romanos 15:5-6 Y que el Dios de la paciencia y del consuelo os conceda tener el mismo sentir los unos para con los otros conforme a Cristo Jesús, para que unánimes, a una voz, glorifiquéis al Dios y Padre de nuestro Señor Jesucristo.
- LBLA 1 Corintios 8:9-13 Pero tened cuidado de que esta libertad vuestra no se convierta en piedra de tropiezo para los débiles. Porque si alguien te ve a ti, que tienes conocimiento, sentado a la mesa en un templo de ídolos, ¿no será estimulada su conciencia, si es débil, a comer cosas sacrificadas a los ídolos? Y por tu conocimiento, el hermano débil se perderá, por quien Cristo murió. De este modo, al pecar contra los hermanos hiriendo su conciencia débil, pecáis contra Cristo. Por tanto, si un alimento hace caer a mi hermano, nunca más comeré carne, para no hacer caer a mi hermano.

I - ESCLAVOS DE CRISTO

A veces se malinterpreta y mal utiliza esta libertad, creyendo que cada persona es libre de hacer lo que quiera. Sin embargo, no debemos entender la libertad como ausencia de ley, porque tenemos la ley del Espíritu Santo.

La Biblia dice que uno se convierte en esclavo de lo que lo ha vencido (2 Pedro 2:19), y si Cristo nos ha vencido, seremos esclavos que se quedan en Su casa por amor, disfrutando así de la verdadera libertad.

- LBLA 2 Pedro 2:19 Les prometen libertad, pero ellos mismos son esclavos de la corrupción, porque uno es esclavo de aquello que lo ha vencido.

II - CADA UNO RENDIRÁ CUENTAS POR SU VIDA

La Palabra nos enseña a no juzgar a nuestros hermanos en cuestiones de comida, vestimenta o días de guarda. En cambio, debemos aceptar al débil en la fe, no para juzgar sus opiniones, sino para soportarlo y edificarlo sobre el fundamento que es Cristo. Cada uno de nosotros comparecerá ante el tribunal de Cristo (Romanos 14:10).

- RVA Romanos 14:10 Pero tú, ¿por qué juzgas a tu hermano? O tú también, ¿por qué menosprecias a tu hermano? Porque todos compareceremos ante el tribunal de Dios.

El espiritual es capaz de juzgar (1 Corintios 2:15). Pareciera haber una contradicción, pero debemos entender que el espiritual, al juzgar, se dispone a ser útil en las manos del Espíritu Santo para levantar al caído, sostener al débil y guiar al ciego. Es por eso por lo que se considera espiritual.

- RVA 1 Corintios 2:15 En cambio, el hombre espiritual lo juzga todo, aunque él mismo no es juzgado por nadie.

III - NO SEAMOS PIEDRA DE TROPIEZO

Nuestra libertad no debe convertirse en una piedra de tropiezo para hacer caer al débil (1 Corintios 8:9-13). Es crucial entender que si tenemos fe, debemos tenerla para nosotros mismos (Romanos 14:22). De lo contrario, estaríamos pecando contra Cristo al herir la conciencia del débil.

- RVA Romanos 14:22 Tú tienes fe, tenla para contigo mismo delante de Dios. Dichoso aquel que no se condena a sí mismo en lo que aprueba.

IV - LA RENOVACIÓN DE NUESTROS PENSAMIENTOS

Esto nos libera de prejuicios (Tito 1:15) y complejos, permitiéndonos relacionarnos con libertad en el Cuerpo de Cristo. El Señor tiene razón cuando nos dice (Juan 8:32) que la verdad nos hará libres. Este proceso nos enseña a no frustrarnos, sino a dar gracias al Señor por mostrarnos lo que está mal en nosotros, ya que nos guía hacia la verdadera libertad.

- RVA Tito 1:15-16 Para los puros, todas las cosas son puras, pero para los corruptos e incrédulos, nada es puro, pues hasta su mente y su conciencia están contaminadas. Profesan conocer a Dios, pero con sus hechos lo niegan, siendo abominables, desobedientes y reprobados para toda buena obra.
- RVA Juan 8:32 y conoceréis la verdad, y la verdad os hará libres.

V - TODO LO QUE NO PROVIENE DE FE ES PECADO (Romanos 14:23).

Esto nos lleva a examinar nuestro caminar, y el Espíritu Santo, quien nos guía a toda verdad, nos muestra que, a medida que crezcamos en la imagen de Su Hijo (para lo cual fuimos predestinados), tendremos un mayor grado de libertad en Él.

- RVA Romanos 14:23 Pero aquel que duda y come, se condena, porque lo que hace no proviene de fe, y todo lo que no proviene de fe es pecado.

CONCLUSIONES

1. Ofrecerse a Cristo como esclavos por amor nos brinda verdadera libertad.
2. Saber que no vivimos para nosotros mismos ni para nuestros placeres, ya que ninguno de nosotros vive o muere para sí mismo (Romanos 14:7-8).
3. Cada uno rendirá cuentas a Dios de sí mismo (Romanos 14:12).
4. Solo podemos agradar al Señor a través de la fe.
5. No seamos piedras de tropiezo.
6. Renovemos nuestros pensamientos.

CAPITULO 7

Diezmos y Ofrendas

RVA 1Cronicas 29:14 Porque, ¿quién soy yo, y qué es mi pueblo, para que podamos ofrecer espontáneamente cosas como éstas, siendo todo tuyo, y que de lo que hemos recibido de tu mano, te damos?
RVA Lucas 8:1 Aconteció después, que él andaba de ciudad en ciudad y de aldea en aldea, predicando y anunciando el evangelio del reino de Dios. Los doce iban con él,
RVA Lucas 8:2 y también algunas mujeres que habían sido sanadas de espíritus malignos y de enfermedades: María, llamada Magdalena, de la cual habían salido siete demonios;
RVA Lucas 8:3 Juana, la mujer de Cuza, administrador de Herodes; Susana, y muchas otras. Ellas les servían con sus bienes.

Introducción:

En este estudio vamos a explorar algunos principios relacionados con el diezmo y las ofrendas, ya que hay personas que no están de acuerdo con la práctica del diezmo debido a la creencia de que solo era aplicable en el antiguo pacto. Sin embargo, a lo largo de toda la Biblia se enseña acerca de los diezmos y las ofrendas. Comenzaremos por entender qué es el diezmo y luego exploraremos algunos principios importantes sobre este tema.

I – El diezmo:

A) Primer principio: El diezmo le pertenece a Dios.

- Según la Biblia, todo pertenece a Dios (Salmo 24:1).
- Como creyentes, reconocemos que todo lo que tenemos proviene de Dios y, por lo tanto, le damos una parte de nuestros ingresos (1 Crónicas 29:11-12).
- El diezmo debe ser entregado en la casa de Dios, como se menciona en Malaquías 3:10.
- No es apropiado administrar el diezmo de forma personal, dárselo a quien queramos o utilizarlo en otra cosa. El diezmo pertenece al Señor.

B) Segundo principio: El diezmo tiene vigencia en esta época.

- El diezmo se practicaba incluso en tiempos antiguos, como se muestra en el caso de Abraham que diezmó a Melquisedec (Génesis 14:20; Hebreos 7:5).
- Como descendientes de Abraham por la fe, debemos seguir su ejemplo y practicar el diezmo (Gálatas 3:7; Juan 8:39).

- Jesús vino a cumplir la ley, no a abolirla, y cumplió toda la ley (Mateo 5:17).
- Aunque Jesús criticó el espíritu con el que se practicaba el diezmo en su época, no abolió la práctica en sí misma. Se debe practicar el diezmo con justicia y amor a Dios (Lucas 11:42).

C) Tercer principio: Diezmamos porque ya hemos sido bendecidos.

- No debemos pedir bendiciones para poder diezmar, sino que debemos diezmar porque ya hemos sido bendecidos (Santiago 1:17).
- No damos porque no tenemos, sino que no tenemos porque no damos.
- Es más bendecido dar que recibir (Hechos 20:35).
- Debemos diezmar en el lugar donde recibimos alimento espiritual (Romanos 15:27).

D) Cuarto principio: Con qué espíritu o intención se diezma.

- Jacob dio el diezmo por interés y como un intercambio o negocio (Génesis 28:20-22).
- Moisés instituyó el diezmo como una imposición de la ley (Deuteronomio 14:22).
- Los fariseos diezmaban por vanagloria (Lucas 18:11-12).
- Abraham dio el diezmo por amor a Dios (Génesis 14:20; Hebreos 7:6).

F) Quinto principio: El diezmar es una bendición.

- El diezmar trae bendiciones tanto en el plano espiritual como en el material. La Biblia dice que Dios abrirá las ventanas de los cielos y derramará bendiciones sobre aquellos que son fieles en el diezmo (Malaquías 3:10).
- Dios promete proveer nuestras necesidades cuando confiamos en Él y obedecemos sus mandamientos, incluyendo el diezmo (Mateo 6:33).
- El diezmar es un acto de fe y confianza en Dios como nuestro proveedor y sustentador.
- Al diezmar, estamos demostrando nuestra dependencia de Dios y nuestra disposición para honrarlo con nuestros recursos.

G) Sexto principio: La actitud del corazón es fundamental.

- El diezmo no debe ser dado por obligación o resentimiento, sino con alegría y gratitud hacia Dios (2 Corintios 9:7).
- Dios ama al dador alegre y generoso (2 Corintios 9:6).
- Cuando diezmamos con una actitud correcta, estamos demostrando nuestra devoción a Dios y nuestro deseo de honrarlo con todo lo que tenemos.

H) Séptimo principio: Las ofrendas van más allá del diezmo.

- Además del diezmo, la Biblia enseña sobre las ofrendas voluntarias. Las ofrendas son donativos adicionales que damos por amor y gratitud a Dios.
- Las ofrendas nos permiten participar en la obra de Dios, apoyar a los necesitados y contribuir al avance del reino de Dios en la tierra.
- Las ofrendas deben ser dadas de manera generosa y conforme a la capacidad de cada persona (2 Corintios 8:12).
- Las ofrendas son una expresión de nuestro amor hacia Dios y nuestra disposición para ser mayordomos fieles de los recursos que Él nos ha confiado.

Conclusión:

El diezmo y las ofrendas son principios bíblicos que nos enseñan sobre nuestra relación con Dios y cómo administrar nuestros recursos de acuerdo con sus mandamientos. El diezmo nos recuerda que todo lo que tenemos proviene de Dios y que debemos ser fieles en devolverle una parte. Al diezmar con una actitud correcta, experimentamos las bendiciones de Dios en nuestra vida. Además del diezmo, las ofrendas nos permiten expresar nuestro amor y gratitud a Dios, participar en su obra y ser una bendición para otros. Recordemos que el verdadero valor del diezmo y las ofrendas no está en la cantidad que damos, sino en el corazón con el que lo hacemos.

CAPITULO 8

La Liberación

LBLA Isaias 61:1 El Espíritu del Señor DIOS está sobre mí, porque me ha ungido el SEÑOR para traer buenas nuevas a los afligidos; me ha enviado para vendar a los quebrantados de corazón, para proclamar libertad a los cautivos y liberación a los prisioneros.

Hay muchas lecciones que podemos aprender para entender el tema de la liberación. Un ejemplo es la salida de Egipto, que nos habla de cómo, al salir del mundo, atravesamos el Mar Rojo (bautismo en agua) y luego entramos al desierto para descubrir lo que hay en nuestro corazón. En el desierto, comienzan a manifestarse características clásicas de los niños:

- No podían pelear.
- No podían defenderse.
- No podían caminar.
- No podían sembrar y debían ser alimentados.
- No podían hilar y se les debía proveer de vestimenta.
- No podían calzarse y debían ser calzados.

Eran jornadas de niños, en las que Dios tenía que hacerlo todo. Y así, empiezan a surgir las peleas, pero no son peleas externas, sino internas. No tenían que ir a conquistar nada, los conflictos eran internos, peleaban consigo mismos.

En este punto, detengámonos un momento para aclarar qué no es la liberación:

La liberación se ha malentendido y se ha degenerado en su concepto, de tal manera que hoy en día se ha reducido a gritos y exhibicionismo. La unción se mide por los gritos, y el termómetro para saber si una persona ha sido liberada es el hecho de tirarse al suelo y manifestarse, según algunos, a través de excreciones. Sin embargo, al examinar la Biblia, nos damos cuenta de que todas estas "características de la liberación" no tienen nada que ver con lo que la Palabra de Dios nos enseña.

Para entender la liberación, continuaremos utilizando la tipología bíblica de la salida de Egipto aplicada a nuestra vida.

La Biblia nos muestra que, desde Egipto hasta su destino final, había once jornadas que finalmente se convirtieron en cuarenta, debido a la intervención de Dios. Sin embargo, al final de este proceso, se acercan a la frontera de la vida en el desierto que llevaban, y esa frontera es el río Jordán.

El desierto es simplemente un paso transitorio, no es un lugar destinado para habitar. Vivir en el desierto es anormal, porque no es un lugar de residencia, sino un lugar de paso. El problema es que en el desierto siempre somos como niños, lo que nos hace depender siempre de Moisés y de su ayuda.

En el desierto, vemos cómo las serpientes y los escorpiones atacan al pueblo de Dios. Algunas personas quedan postradas en el desierto debido a estos ataques. Hay gente cristiana que está mal por hechizos. No estamos diciendo que el enemigo tenga más poder, de ninguna manera. Sin embargo, los demonios aprovechan la ignorancia del pueblo para destruirlo.

Vemos a Sansón pidiendo y tomando a una filistea, y debido a su mala forma de vida en el desierto, vemos cómo se le aparece un cachorro de león y lo ataca solo a él, al ungido de Dios. El león fue despedazado por la misericordia de Dios, a pesar de que Sansón estaba en una mala condición.

Es importante destacar que en ningún momento hemos dicho que la posesión por espíritus inmundos y la liberación no existen. Son reales, existen. Lo que estamos diciendo es que se han confundido las manifestaciones de estos espíritus con la expulsión de estos.

ENTRADA A CANAÁN

Para saber con qué nos enfrentamos y diferenciar las cosas, vemos en el libro de Josué que ahora hay dos tipos de órdenes:

- Vencer a los 31 reyes que se encuentran dentro de Canaán: estos reyes nativos tipifican la carne. Josué 12:13-24 (LBLA) menciona al rey de Debir, al rey de Geder, al rey de Horma, al rey de Arad, al rey de Libna, al rey de Adulam, al rey de Maceda, al rey de Betel, al rey de Tapúa, al rey de Hefer, al rey de Afec, al rey de Sarón, al rey de Madón, al rey de Hazor, al rey de Simron-merón, al rey de Acsaf, al rey de Taanac, al rey de Meguido, al rey de Cedes, al rey de Jocneam del Carmelo, al rey de Dor, y al rey de Goim en Gilgal. En total, son treinta y un reyes.
- Echar fuera a los siete reyes que se encuentran dentro. Estos son los reyes foráneos que tipifican los espíritus inmundos. Josué 3:10 (LBLA) menciona a los cananeos, a los hititas, a los heveos, a los ferezeos, a los gergeseos, a los amorreos y a los jebuseos.

Los reyes foráneos son los demonios que han entrado por tratos con los nativos, es decir, la carne invita a los espíritus inmundos. Hay reyes nativos que los invitan a entrar. Cuando echamos fuera a un demonio, debemos confrontar el área de la carne que permitió su entrada. El nativo que recibió al foráneo debe ser vencido para que no vuelva a invitar a otro foráneo.

La carne se vence con el Espíritu, se somete por el Espíritu. No podemos echar fuera lo que es la carne, pero sí podemos sojuzgarla. Por otro lado, a los espíritus inmundos sí debemos expulsarlos. Es importante que nos demos cuenta de que no hay un procedimiento de muchos pasos para hacerlo, simplemente se nos dice que los echemos fuera.

Tomemos como ejemplo a Rahab, a quien no había que echar fuera, sino simplemente sojuzgar. Ella representa el área sexual, que no debe ser expulsada, sino sojuzgada y reprogramada. No podemos eliminar el deseo sexual, pero sí podemos eliminar el deseo desordenado. Sojuzgar significa someterlo a su orden original.

Vemos entonces que los reyes foráneos (espíritus inmundos) los dejaron entrar los reyes nativos (la carne). Es decir, es la carne no sometida, no sojuzgada, la que permite la entrada de espíritus inmundos.

Muchos confunden la carne con los espíritus inmundos, y es importante entender y diferenciar entre estos dos grupos, así como conocer la estrategia adecuada para vencer a cada uno. La carne debe ser sojuzgada, mientras que a los espíritus inmundos se les debe echar fuera en el nombre de Jesús.

En Josué 12:9-11 (LBLA) se mencionan diferentes reyes, como el rey de Jericó, el rey de Hai cerca de Betel, el rey de Jerusalén, el rey de Hebrón y el rey de Jarmut, llamado Piream. El nombre Jarmut significa "elevación" o "eminencia", y Piream se refiere a un "asno salvaje". Esto nos habla de alguien que ha ascendido a realizar tareas ministeriales pero que no es como un buey, que permite que Jesús lleve las cargas. En cambio, actúa con soberbia y pretende llevar las cargas por sí mismo.

- Jeremías 23:1 (LBLA) dice: "¡Ay de los pastores que destruyen y dispersan las ovejas de mis prados! - declara el Señor". Esto nos advierte sobre los pastores que descuidan y perjudican a las ovejas en lugar de cuidarlas.

Un ejemplo de esto se encuentra en Jueces 17:9-11 (LBLA), donde se relata la historia de Micaía, quien contrata a un levita para ser su ministro y le ofrece reconocimiento como padre. Sin embargo, al final, Micaía invierte los papeles y trata al levita como a un hijo.

En Josué 10:3 (LBLA) se mencionan varios reyes, entre ellos el rey de Laquis llamado Jafia, cuyo nombre significa "invencible" o "brillante". Este rey representa la vanagloria de la vida, cuando uno se atribuye a sí mismo la luz y no da la gloria a Dios.

Otro rey mencionado es el rey de Eglón llamado Debir. Eglón significa "toro joven" o "círculo", y Debir se refiere a "santuario", "predicador" o "conferencista". Esto habla de la inmadurez que impide nuestro avance y nos hace dar vueltas en el desierto durante mucho tiempo. En lugar de buscar la madurez espiritual, nos enfocamos en la predicación, lo cual puede confundir a quienes nos escuchan. La unción no madura a nadie, solo nos permite vivir; la madurez solo se logra a través del estudio y la comprensión de la Palabra de Dios.

- 1 Timoteo 3:5-6 (SRV) advierte sobre la importancia de gobernar bien el propio hogar antes de cuidar de la iglesia de Dios. También menciona la necesidad de que los líderes no sean neófitos, para que no sean envanecidos y caigan en el juicio del diablo.

El rey de Gezer también es mencionado, y su nombre nos habla de la autoexaltación. No debemos buscar nuestra propia gloria ni destacarnos por nosotros mismos. Debemos esperar el llamado de Dios y, si sentimos el deseo de predicar, comenzar por hacerlo en nuestro hogar y luego entre nuestros amigos, a medida que seamos escuchados y reconocidos.

Es más importante ministrar lo que está en nuestro interior, como la soberbia, la vanagloria y la inmadurez. Si sanamos nuestro interior, los demonios no encontrarán puertas abiertas en nuestras vidas. No tiene sentido enfocarse únicamente en echar fuera los espíritus malignos si la carne sigue presente. Si eliminamos la carne, no habrá nada que atraiga a los espíritus malignos.

Quienes han sido salvos deben desear y amar la verdadera liberación. Algunos evitan escuchar sobre la liberación porque creen que implica ser poseídos y ridiculizados, pero eso solo ocurre en casos extremos. Aquellos que se someten a la autoridad de Dios, entregan su alma y corazón para escuchar y poner en práctica Su Palabra, humillándose, reconociendo su condición y necesidad, arrepintiéndose y confesando sus pecados, ya no son humillados, sino liberados por el poder de la Palabra de Dios.

Juan 15:3 (RV60) nos recuerda que ya hemos sido limpios por la palabra que Jesús nos ha hablado.

Hay dos tipos de personas que no son liberadas por la Palabra: aquellos que no les gusta escucharla y huyen de ella, y aquellos que no tienen acceso a una Palabra revelada y fresca porque se encuentran en lugares donde no se predica con claridad. Si no nos exponemos a la Palabra y persistimos en vivir de acuerdo con nuestras viejas formas, los espíritus malignos pueden entrar en nuestras vidas e incluso en nuestro cuerpo.

1. Espíritu de los muertos	por la hechicería
2. Espíritu de mentira	por las contiendas
3. Espíritu de Egipto	por anhelar la vida pasada
4. Espíritu de letargo	por la pereza
5. Espíritu de prostitución	por la fornicación
6. Espíritu de impureza	por la fornicación
7. Espíritu de enfermedad	por el afán
8. Espíritu de adivinación	por la hechicería
9. Espíritu de error	por no amar la verdad
10. Espíritu de esclavitud	por no amar la palabra de Dios
11. Espíritu de estupor	por la incredulidad
12. Espíritu de cobardía	por la falta de fe
13. Espíritu de pobreza	por la avaricia y la pereza

Entiendo que deseas corregir la gramática, ortografía, fluidez y claridad del texto sin cambiar el contenido bíblico ni el sentido doctrinal. A continuación, presento el texto corregido:

La batalla ya está ganada. En 1 Samuel 17:8-9 (LBLA), Goliat desafió a las filas de Israel, preguntando por qué habían salido a enfrentarse a él. Les recordó que él era un filisteo y ellos eran siervos de Saúl. Goliat propuso que seleccionaran un hombre para pelear contra él, y si ese hombre lo vencía, los filisteos serían siervos de Israel, pero si él lo vencía, Israel sería siervo de los filisteos.

El Reino de Dios representa el conflicto espiritual entre la luz y las tinieblas. Ahora, en el Reino de Dios, viene la restitución de todo lo que nos han robado, y debemos ganar terreno al enemigo. No debemos conformarnos con solo ser salvos, sino que debemos avanzar.

Adán y Eva fueron los primeros pacifistas, y para evitar el conflicto, se dejaron engañar. Tenemos que aprender a estar preparados para la guerra. ¿Por qué peleamos todos? Sería mejor que un representante de cada bando luchara, y el ganador haría a su bando victorioso, mientras que el perdedor haría a su bando derrotado. Así fue como Goliat (representando al diablo) y el ungido secreto, David (representando a Jesucristo), se enfrentaron. El resultado fue que David ganó la pelea: primero derribó a Goliat con una piedra y una honda, y luego le cortó la cabeza para asegurarse de que no se levantaría más.

Esa historia representa a Cristo Jesús, quien derrotó al diablo (insisto, ya está derrotado). Cuando Jesús se enfrentó a la muerte para llevar nuestras culpas, la venció y le asestó un golpe final al quitarle la cabeza. Esto significó que el diablo perdió toda autoridad y dominio sobre nosotros. Esta realidad nos hace comprender que el diablo ya ha sido vencido, así como también sus seguidores. Jesús es el vencedor, y nosotros somos vencedores junto a Él.

En Efesios 6:12 (RV60), se nos dice que nuestra lucha no es contra sangre y carne, sino contra principados, potestades, gobernadores de las tinieblas de este siglo y huestes espirituales de maldad en las regiones celestiales. Esto nos muestra que hay leyes que rigen nuestras batallas. La principal de ellas es que el diablo ya ha sido vencido, por lo tanto, nuestra lucha ya no es contra el diablo, sino contra sus enviados y seguidores mencionados en Efesios.

En 1 Samuel 17:51-53 (LBLA), David se acerca a Goliat y lo mata, cortándole la cabeza con su propia espada. Cuando los filisteos vieron que su campeón estaba muerto, huyeron. Los hombres de Israel y Judá se levantaron, persiguieron a los filisteos y los derrotaron hasta llegar al valle y a las puertas de Ecrón. Los filisteos muertos yacían a lo largo del camino hasta Saaraim, e incluso hasta Gat y Ecrón. Los hijos de Israel regresaron, saquearon los campamentos filisteos y obtuvieron la victoria.

Otra ley que podemos observar es que, si el líder ya ha sido vencido, no debemos luchar contra él, sino simplemente anunciar a sus ejércitos que, en el nombre de aquel que los venció (Jesús), tenemos autoridad sobre ellos. Mucha gente nos enseña a echar fuera al diablo cuando él no está presente en nadie, lo cual solo desgasta a los cristianos. El diablo solo opera a través de espíritus inmundos, y lo que debemos hacer es atar y expulsar a los filisteos (espíritus inmundos) que están en medio de nuestra Canaán (es decir, en nosotros).

Es importante entender la verdadera naturaleza de la liberación. A veces, los problemas de un cristiano no son causados por demonios, sino por su propia carne. Algunas personas creen que están poseídas por demonios cuando en realidad tienen malos hábitos arraigados en su carne. Hay lugares preferidos por los espíritus inmundos, como Gadara, donde pueden entrar. Gadara era un lugar dedicado a la crianza de cerdos, y los espíritus inmundos buscan esos lugares de suciedad y desorden. Les gusta el caos y prefieren vivir en lugares impuros. Cuando una persona se convierte en un lugar de crianza de cerdos, es decir, cuando es desordenada, rebelde ante la autoridad, busca cualquier enseñanza sin discernimiento, se aferra a su vida pasada, disfruta de la comunión con el mundo y sus costumbres, se está exponiendo a una incursión de espíritus inmundos.

En resumen:

La ministración implica sanidad interior y someter a la carne, mientras que la liberación se refiere a expulsar a los espíritus inmundos.

- Aquellos que se someten a la ministración y permiten ser ministrados no necesitarán liberación.
- La liberación es necesaria para aquellos que no se sometieron a la ministración y cuyas puertas de la carne están abiertas al punto de ser poseídos por espíritus inmundos.
- El diablo no posee a nadie, ya que no está en la Tierra. Los que son poseídos son los espíritus inmundos.
- Las manifestaciones demoníacas, como gritos, golpes, voces extrañas o excreciones, son solo eso: manifestaciones. El hecho de que un demonio se manifieste no significa necesariamente que haya salido y que la persona esté liberada.
- La evidencia de que alguien ha sido liberado se ve en un cambio de estilo de vida, una relación transformada con Dios y la manifestación del fruto del Espíritu.
- Los espíritus inmundos buscan casas limpias y vacías, personas que han recibido a Cristo como Salvador y han sido bautizadas, pero no se congregan, leen la Biblia ni oran. Esto les impide abandonar sus malos hábitos.

CAPITULO 9

Los Pactos

RVA Hebreos 8:6 Pero ahora Jesús ha alcanzado un ministerio sacerdotal tanto más excelente por cuanto él es mediador de un pacto superior, que ha sido establecido sobre promesas superiores.
RVA Hebreos 8:7 Porque si el primer pacto hubiera sido sin defecto, no se habría procurado lugar para un segundo.

Introducción:

A lo largo de la Biblia, podemos notar que Dios ha establecido un medio legal para relacionarse con el hombre, respetando así la identidad del hombre como Su creación. Este medio son los pactos, ya sean individuales o colectivos, en los cuales Dios establece las reglas para mantener una buena relación.

La palabra "pacto" se traduce del griego "diatheke" y del hebreo "berit", que en ocasiones también se traduce como "alianza" o "testamento". Implica una responsabilidad mayoritaria para una de las dos partes. En este caso, Dios asume esa responsabilidad, como dice la palabra: "Si somos infieles, Él permanece fiel, pues no puede negarse a sí mismo" (2 Timoteo 2:13). Además, Dios asume la responsabilidad de completar la obra que comenzó en nosotros (Romanos 8:28-29).

En la Biblia, se pueden identificar dos tipos de pactos: los individuales y los hechos por Dios.

I. Los pactos individuales entre personas o pueblos:

Un pacto, incluso si es humano, una vez ratificado, nadie puede invalidarlo ni agregarle condiciones (Gálatas 3:15). Estos pactos se ratificaban mediante juramentos, prendas o testigos.

Cuando Abraham compró el terreno para enterrar a Sara, lo hizo en presencia de los dos hijos de Het como testigos (Génesis 23:16). Cuando Jacob y Labán hicieron un pacto, comieron juntos y colocaron un montón de piedras para ratificarlo (Génesis 31:46).

Cuando Josué hizo un pacto con los gabaonitas y lo ratificó con un juramento, se volvió tan legal que, incluso cuando se dio cuenta del engaño, no pudo anularlo por temor a que la ira del juramento cayera sobre él (Josué 9:14-19).

II. Los pactos hechos por Dios:

Estos pactos son de un orden diferente a los pactos individuales entre personas o pueblos, ya que son propuestos sobrenaturalmente a los hombres. A continuación, veremos los pactos que Dios ha hecho con los hombres.

A) Pacto con Adán:

Mediante este pacto, Dios responsabilizó a Adán de labrar y cuidar el huerto, así como de poblar la tierra. Le impuso una condición para permanecer, que era la obediencia. Sin embargo, cuando Adán falló, Dios le dio una promesa (Génesis 3:15) y también le proporcionó una señal de esa promesa, que fue la vestidura de piel (Génesis 1:27-30; 3:21).

B) Pacto con Noé:

Este pacto de Dios fue establecido para el juicio, ya que, a través de la obediencia de Noé, Dios iba a condenar al mundo por su maldad (Génesis 6:9-22). En este pacto, Dios revela a Noé Sus planes para poner fin a toda carne (Génesis 6:13) y escoge a Noé porque él andaba con Dios. Además, Dios le da instrucciones para construir el arca. Al final, Dios ratifica el pacto, informándole que él, su esposa, sus hijos y las esposas de sus hijos entrarán en el arca como medio de salvación de aquel juicio de Dios. Como promesa del pacto, Dios dice a Noé que nunca más destruirá toda carne con agua (Génesis 9:11) y pone el arco iris en las nubes como señal del pacto (Génesis 9:13).

C) Pacto con Abraham:

Después de que la humanidad se rebeló al construir la Torre de Babel, Dios llamó a Abraham para hacer un pacto. Es a través de la fe que Abraham alcanza la misericordia de Dios. Debido a que Abraham era el punto de división entre gentiles y judíos, este pacto valida a todos los demás pactos. Como resultado de este pacto, Dios enviará al Cordero para salvar a todos los involucrados en los pactos (Génesis 22:15-18). A Abraham se le ofrecen dos descendencias:

Como las estrellas: esta descendencia es la Iglesia, el cuerpo de Cristo, con la cual se establece un mejor pacto, ya que es celestial.

Como la arena del mar: esta es una descendencia terrenal, Israel, para quienes el nuevo pacto es terrenal.

D) Pacto con el pueblo de Israel:

Dios hizo este pacto en el Monte Sinaí. Fue un pacto condicional, ya que debían cumplir la ley para ser Su pueblo (Deuteronomio 14:13-23). Por su desobediencia a la ley, recibirían maldición (Deuteronomio 27:26).

E) Pacto con Leví:

Dios hizo este pacto para perpetuar el sacerdocio de Leví (Malaquías 2:4-8; Números 25:6,7,9,12).

F) Pacto con David:

En este pacto, Dios promete a David un trono eterno para su posteridad (2 Samuel 7:1-29).

G) El nuevo pacto:

Dios anuncia a través de los profetas el nuevo pacto, que es un pacto de regeneración, en contraste con el pacto del Sinaí (Jeremías 31:31-34; Hebreos 8:8-11). En esta promesa del nuevo pacto, Dios promete una doble descendencia de Abraham.

- **Las estrellas:** esta descendencia es la Iglesia, el cuerpo de Cristo, con quien se establece un mejor pacto, ya que es celestial.
- **La arena del mar:** esta es una descendencia terrenal, Israel, para quienes el nuevo pacto es terrenal.
- Jesucristo es el mediador de este nuevo pacto (Hebreos 9:15; 12:24), y su fundamento es Su sangre (1 Corintios 11:25).

Conclusiones:

Al ser parte de la Iglesia, el cuerpo de Cristo, somos participantes del mejor pacto, ya que somos celestiales (descendencia de las estrellas).

Israel disfrutará del nuevo pacto cuando el Señor Jesucristo sea el Rey sobre el mundo y el universo.

En la actualidad, Dios sigue fiel a los pactos que hizo con Adán, Noé, Abraham y David, cumpliendo sus promesas.

Como creyentes, debemos vivir en fidelidad y obediencia a Dios, reconociendo la importancia de los pactos que Él ha establecido.

CAPITULO 10

Los Receptores

LBLA Santiago 1:13 Que nadie diga cuando es tentado: Soy tentado por Dios; porque Dios no puede ser tentado por el mal y El mismo no tienta a nadie. 14 Sino que cada uno es tentado cuando es llevado y seducido por su propia pasión.15 Después, cuando la pasión ha concebido, da a luz el pecado; y cuando el pecado es consumado, engendra la muerte.

El proceso de comunicación es bastante sencillo, ya que solo requiere de un emisor que envíe señales codificadas con mensajes esperados para ser recibidos y decodificados por un receptor. A esto se le llama retroalimentación o feedback.

Es necesario que existan tanto los transmisores como los receptores para que las señales transmitidas tengan sentido o valor. La función del receptor es devolver o responder a las señales con una acción o respuesta, creando así un estímulo y una respuesta. En otras palabras, toda acción deberá tener una reacción.

En el estudio de la liberación, vimos que en Canaán existían dos órdenes bien establecidas: conquistar a los 31 reyes nativos y expulsar a los siete reyes extranjeros. Esto nos ayudó a entender que la carne debe ser sometida y los espíritus inmundos (los extranjeros) deben ser expulsados. También mencionamos que, si la carne está sometida, no habrá demonios que expulsar, ya que las moscas se van cuando no hay carne.

Esta introducción es necesaria para analizar cómo somos acechados por el enemigo a la luz de la escritura. En el texto de Santiago, encontramos el proceso que utiliza el lado de las tinieblas, ya que, para operar, primero necesita engendrar el pecado.

1. **La tentación emite su mensaje.**
2. **La concupiscencia o pasión recibe y se impregna de la tentación.**
3. **La pasión, una vez desarrollada, da a luz al pecado.**
4. **El pecado engendra la muerte.**

Si no hubiera un óvulo que fecundar, los espermatozoides no podrían hacer nada. Es la ley de la vida. Observemos que si no hubiera una pasión que recibiera ese mensaje, no se daría a luz el pecado. Es una guerra entre transmisores y receptores, entre el lanzador y el receptor. El diablo necesita tener receptores en nosotros para que, cuando envíe sus mensajes de las tinieblas, seamos derrotados y nuestra respuesta sea negativa hacia Dios y positiva hacia el pecado.

Niveles de error: Es necesario hacer una distinción entre los errores que se cometen en el cuerpo, alma y espíritu, ya que la última operación del diablo antes del arrebatamiento de la iglesia será una operación de error y confusión.

En el Salmo 32:5 (LBLA), David nos muestra diferentes niveles de daño que los mensajes del diablo pueden causar:

1. **Confesaré mis transgresiones.**
2. **Manifesté mi pecado.**
3. **No encubrí mi iniquidad.**

Veamos cómo David nos proporciona una visión más amplia y nos permite ver que hay diferentes niveles en los que los mensajes del diablo pueden causar daño.

Significado de transgresión:

1. **Traspasar el límite que separa la santidad y el pecado.**
2. **Quebrantar una ley. La muerte reinó desde Adán, incluso sobre aquellos que no habían pecado con una transgresión similar a la de Adán.**
3. **Un paso en falso, un error, una "caída al lado", desviarse de la rectitud y la verdad.**

Significado de pecado:

1. **Errar en el blanco.**
2. **Distorsión moral, fuente de la acción.**
3. **El pecado se manifiesta a través de las acciones de los miembros del cuerpo.**

Tiene su asiento en la voluntad y no es simplemente la comisión de un acto, sino un patrón continuo y práctica del pecado.

Significado de iniquidad (injusticia):

1. **Actuar y vivir al margen de la ley de Dios.**
2. **Hacer lo que es contra la ley, rebelión contra la ley de Dios.**
3. **Maldad, aquello que es inútil y pertenece a un orden inferior.**
4. **Ausencia total de arrepentimiento por una actitud o acción.**

Ejemplo de iniquidades: La práctica continua y repetida de una transgresión puede llevar a cometer pecados mayores, por los cuales no hay arrepentimiento, y esto llega al nivel de iniquidad.

1. GENESIS 4	Caín mata a su hermano
2. GENESIS 49:5	Asesinato y violencia de Simeón y Levi
3. 1 SAMUEL 3:14	Elí violo la ley siendo sumo sacerdote
4. DEUTERONOMIO 21:18	Los hijos de Elí menospreciaban la ofrenda del señor
5. 2 PEDRO 2:16	Balaam el profeta vendido
6. EXODO 20	Idolatría, adoración de demonios.
7. LEVITICO 18:20	Sexo ilícito

Cuando fuimos llamados a salir de Egipto, no solo fuimos llamados a la salvación, sino también a penetrar en Canaán, a vivir una vida en abundancia y ser completamente libres.

Sin embargo, a veces nos encontramos encerrados en cárceles de impiedad, amargura, entre otras. Pero Dios quiere liberarnos, y para ese propósito nos revela los rudimentos, los misterios y los secretos. Si los utilizamos incorrectamente, los demás pueden quedar impresionados por la enseñanza, pero no experimentarán un cambio real en su forma y condición de vida. Entonces, el rudimento, misterio o secreto enseñado sirve de muy poco.

En ocasiones, sin pretenderlo ni estar dispuestos, otras personas son movidas por el Espíritu Santo y hacen cosas que provocan un cambio en las personas. Por ejemplo, Pilato, sin convertirse y en tono de burla, mandó escribir un mensaje evangelístico sobre la cruz de Jesús: "Este es Jesús el nazareno, el Rey de los Judíos". Aunque lo hizo en burla, el ladrón lo creyó y fue salvado. Dios utiliza las palabras de algunos para transformar corazones.

Los rudimentos, misterios y secretos de Dios son, en conjunto, la "sana doctrina" para su pueblo. No están destinados a impresionar a nadie, sino a vivir una vida en abundancia. Los apóstoles, como el apóstol Pablo, describen y exhortan a seguir la sana doctrina en la iglesia. Pablo dijo: "No lo digo porque tenga escasez, pues he aprendido a contentarme con lo que tengo. Sé vivir en la pobreza y sé vivir en la abundancia. En todo lugar y en todas las circunstancias, he aprendido el secreto de enfrentar tanto la satisfacción como el hambre, la abundancia y la necesidad. Todo lo puedo en Cristo que me fortalece" (Filipenses 4:11-13 RVA).

La palabra "misterio" proviene del griego "Musterion" que significa "un secreto revelado". En este verso de Filipenses, vemos cómo para Pablo, la vida en abundancia dejó de ser un secreto, ya que dice: "Se me ha mostrado el secreto de la vida en abundancia" y luego lo comparte: "Todo lo puedo en Cristo".

Para ser felices tanto en la abundancia como en la escasez, necesitamos conocer la sana doctrina y comprender el misterio de "todo lo puedo en Cristo". Aunque la doctrina puede tener profundidades insondables e a veces incomprensibles, debemos esforzarnos por entenderla, ya que no solo tiene profundidades intelectuales, sino también profundidades prácticas para nuestra vida, que nos llevarán a ser completamente libres y felices.

Seremos totalmente felices cuando seamos totalmente libres, y seremos totalmente libres cuando conozcamos totalmente la verdad.

Necesitamos ser liberados de muchas cosas que hay en nuestra alma, ya que el reino de las tinieblas busca matarnos y apartarnos de Dios. El enemigo coloca receptores de pecado en nosotros para recibir los mensajes de sus transmisiones. Un ejemplo de esto es el caso de Luzbel, quien cayó al tener un receptor.

- Ezequiel 28:14-16 (LBLA), leemos: "Tú, querubín protector de alas desplegadas, yo te puse allí. Estabas en el santo monte de Dios, andabas en medio de las piedras de fuego. Perfecto eras en tus caminos desde el día en que fuiste creado hasta que se halló iniquidad en ti. A causa de la abundancia de tu comercio te llenaste de violencia, y pecaste; yo, pues, te he expulsado por profano del monte de Dios, y te he eliminado, querubín protector, de en medio de las piedras de fuego".

¿Cómo pudo caer un querubín que era cobertura? Parecía imposible. Dios lo tenía viviendo en su santo monte con todas las bendiciones, y era "perfecto". A pesar de los dardos que el enemigo le lanzaba, el proceso de comunicación no se completaba. El enemigo de entonces, ya que Luzbel no fue el primero en caer (la muerte fue la primera en caer, seguida de la iniquidad, y estas le fueron heredadas a Luzbel cuando cayó). Si un pitcher quiere lograr un out, necesita tener un cátcher, y eso es lo que faltaba para derribar a Luzbel, un ser perfecto.

El enemigo colocó receptores en la misma tierra para destruirla, y fue llenada de violencia. Por eso, para que el Señor venga, necesitamos llenarla del conocimiento de Dios. Hay ciudades y moradas llenas de violencia, e incluso la casa del Señor está llena de violencia y fraude.

- "LBLA Sofonías 1:9: Aquel día castigaré a todos los que saltan sobre el umbral, a los que llenan la casa de su señor de violencia y de engaño.

Luzbel, aunque era perfecto, se encontró iniquidad en él. Por falta de este conocimiento, muchos cristianos viven un evangelio menguado sin cambio en su vida. La iniquidad, una entidad existente que se había rebelado contra Dios desde tiempos antiguos, sabía que para apartar a Luzbel de Dios y convertirlo en un ser muerto, debía empujarlo al pecado y a la rebeldía contra Dios. ¿Cómo lo hizo?

- Ezequiel 28:16: A causa de la abundancia de tu comercio te llenaste de violencia, y pecaste; yo, pues, te he expulsado por profano del monte de Dios, y te he eliminado, querubín protector, de en medio de las piedras de fuego.

El enemigo no podía corromper directamente a Luzbel, ya que era perfecto. Por lo tanto, colocó un receptor de violencia que permitiría la entrada del pecado y, finalmente, lo convertiría en un hijo de la iniquidad. De manera similar, el enemigo coloca receptores en nosotros para permitir la entrada del pecado y la rebeldía contra Dios.

Usando una analogía, si una mujer no tiene óvulo (receptor), no puede quedar embarazada (pecado). Puede haber muchos espermatozoides (tentación), pero si no hay un óvulo (receptor) que los reciba y los hospede, es imposible que se conciba (pecado) y, por ende, se dé a luz (la muerte). Si hubiera un óvulo y un espermatozoide, y se concibiera, mientras sea solo pecado (embrión), puede ser abortado. Sin embargo, una vez que se da a luz la muerte, se necesita una liberación diferente.

Cuando enfrentamos una tentación del enemigo, debemos ser inteligentes y tomarla como una advertencia de que tenemos activado un receptor de esa naturaleza. Una vez que lo detectamos, debemos neutralizarlo mediante la ministración, al escuchar la palabra, alabar y adorar a Dios. Hay muchas formas de desactivarlos o combatirlos. Debemos entender que estos no son demonios, sino códigos en nuestro ser que deben ser desactivados.

El Señor Jesucristo fue tentado en todo, pero no tenía receptores de ningún tipo. El diablo, en su afán y deseo de destruirlo, intentó colocarle receptores cuando lo tentó diciendo: 'Lánzate'. Sin embargo, Jesús dijo: 'No, debo obedecer a mi Padre'. Incluso cuando lo golpeaban injustamente y le decían: 'Profetiza quién te golpeó', intentando llenar su corazón de amargura y colocarle un receptor para que no pudiera llegar a la cruz como un cordero puro, Jesús no permitió que le pusieran el receptor. Fue llevado como cordero mudo al matadero.

La tentación no podía encontrar cabida en Él porque no tenía receptores para el pecado. Aunque participó de la misma naturaleza que nosotros, no pecó, ya que tenía que llevar nuestros pecados a la cruz.

No ignoramos las maquinaciones del diablo, como se menciona en LBLA 2 Corintios 2:11: 'para que Satanás no tome ventaja sobre nosotros, pues no ignoramos sus ardides'. Hemos entendido que lo que Satanás quiere es obtener una respuesta positiva a los estímulos que nos envía a través de la tentación. Él intentará lanzarnos todo tipo de tentaciones, esperando encontrar receptores activos en nosotros que nos hagan caer bajo el peso del pecado.

Para erradicar los receptores, primero debemos saber dónde buscarlos. Necesitamos saber cuándo nos los colocaron, y hay varias épocas en las que el diablo lo hace.

ANTES DE NACER

LBLA Juan 9:1-2 relata que Jesús vio a un hombre ciego de nacimiento y sus discípulos le preguntaron: 'Rabí, ¿quién pecó, este hombre o sus padres, para que naciera ciego?'.

Es impactante saber que hubo contaminaciones antes de entrar en este mundo. Es terrible conocer estas realidades, pero esto nos permite ampliar nuestro entendimiento y ver la relación de causa y efecto, el emisor y el receptor. Para que el hombre naciera ciego, solo había dos posibilidades: o el ciego había pecado o sus padres habían pecado. Aquí surge la pregunta: ¿puede uno pecar antes de nacer? ¿Pueden los pecados ancestrales causarnos problemas en el presente? Recordemos las distinciones que se presentan en el Salmo 32 y que definimos al principio del estudio:

1. **Transgresión: cuerpo**
2. **Pecado: alma**
3. **Iniquidad: espíritu**

También debemos preguntarnos: ¿pueden las bendiciones ancestrales alcanzarnos hoy? Recordemos cómo Leví fue bendecido porque su bisabuelo Abraham diezmó a Melquisedec. De la misma manera, funciona el lado negativo.

Destacaremos algo muy importante sobre la ministración que ya hemos mencionado anteriormente: la psicología no elimina los receptores, solo enseña a vivir con ellos. Por eso, aunque una persona parezca haber sido curada de su mal, cuando sus hijos crecen, desarrollan el mismo mal o incluso peores.

Esto se debe a que el receptor no fue eliminado y, por lo tanto, se transmite como un código en la genética de la descendencia. Esto explica por qué los hijos de alcohólicos también tienen el mismo problema, por qué las hijas de madres que se casaron en fornicación terminan igual, porque se han transmitido receptores en el código genético, lo que los predispone a pecar de la misma manera o incluso peor que sus padres.

Por eso, la psicología nunca podrá lograr ni siquiera una pequeña parte de lo que hace el evangelio de Jesucristo.

- LBLA Éxodo 20:5-6 dice: 'No los adorarás ni los servirás, porque yo, el Señor tu Dios, soy Dios celoso, que castiga la iniquidad de los padres sobre los hijos hasta la tercera y cuarta generación de los que me aborrecen, pero muestra misericordia hasta mil generaciones a los que me aman y guardan mis mandamientos'.

Es un tema profundo, pero trae grandes misericordias para nosotros. Es terrible saber que nos colocaron receptores antes de nacer, cuando estábamos en los lomos de nuestros padres. Imaginemos cómo llegaron iniquidades a nuestro espíritu, iniquidades tan terribles como la idolatría, el adulterio, las ganancias deshonestas, el asesinato, el aborto, las violaciones y las desviaciones sexuales.

Es importante que nos demos cuenta de que somos producto de 14 personas, es decir, de 7 relaciones sexuales. Nosotros somos el número quince (en la numerología, el quince representa la misericordia), y esto nos habla de que Dios quiere tener misericordia de nosotros. Vemos que cuando se habla de las generaciones de Jesús, las acumulan de catorce en catorce, lo cual representa la limpieza de nuestro espíritu, alma y cuerpo de los receptores heredados de las tres generaciones pasadas.

En Cristo, somos nuevas criaturas, como si no tuviéramos ancestros, como si fuéramos el primero de una nueva especie. Eso es lo que Dios quiere hacer en nosotros: una nueva especie, no la especie humana sucia y corrupta que es hoy en día, sino una especie humana a Su semejanza en pureza y santidad. Todo aquel que entra en la genealogía de Jesucristo tiene el derecho de descontaminarse, de ser liberado de los receptores ancestrales.

Dentro de esta genealogía, encontramos a muchas mujeres con problemas serios:

- Tamar: incesto con su suegro (receptor de sexo en familia).
- Rahab: prostitución (se entregaba al mejor postor).
- Rut: moabita (receptor de idolatría).
- Betsabé: adulterio (afectó a David generaciones después).
- María: amargura.

Debemos erradicar esos receptores que nos fueron colocados en nuestras familias para mantenernos atados y fracasados. No estamos hablando de salvación, sino de vivir una vida en abundancia. Todos los que hemos recibido a Cristo como Salvador y nos hemos bautizado somos salvos, pero aquí hablamos de cómo queremos vivir esa salvación: ¿en pecado, llenos de amargura, empobrecidos por maldiciones generacionales? Tenemos la opción de vivir en plenitud, felices, alegres, sin remordimientos, sin maldiciones, destruyendo y erradicando los receptores.

EN LA NIÑEZ

No solamente antes de nacer se colocan los receptores, hay muchos que se colocan a medida que nos vamos desarrollando en la vida. Las tradiciones y la religión de los pueblos están plagadas de trampas diabólicas para colocar receptores de todo tipo.

En muchos lugares se acostumbra a ponerle a los niños el nombre de algún ancestro: padres, abuelos o bisabuelos, sin saber que lo que se está haciendo es atar a los niños a la forma de vida (con todo y pecados) de esos ancestros. En la tradición hebrea, colocaban el nombre de acuerdo al trabajo o función que desarrollarían. Por ejemplo, Jacob que quiere decir "engañador" y toda su vida fue engañador y engañado, hasta que Dios le cambió el nombre a Israel y su vida cambió. Abram significa "Gran Padre", pero luego le cambiaron el nombre a Abraham, que significa "Padre de Multitudes", y hoy es padre de dos simientes, una terrenal y una celestial, ambas numerosas.

Cuando le damos nombre a un hijo, debemos pensar en darle la oportunidad de liberarse de sus generaciones pasadas (incluidos nosotros) al ponerle un nombre que no lo ate a nuestra vieja vida. No debemos elegir un nombre solo porque nos gusta, sino entender su significado. Algunos han nombrado a sus hijos "Nimrod" por ser bíblicos, sin saber que significa "el que pelea contra Dios", y luego no entienden por qué ese hijo no quiere saber nada de Dios, es porque le colocaron un receptor de rebeldía contra Dios.

En 1 Crónicas 4:9-10, vemos el caso de Jabes, a quien desde pequeño le pusieron un receptor de "sufrimiento". Su vida fue accidentada, y es importante entender que todo momento traumático en nuestra vida es una puerta abierta para que el diablo nos ponga un receptor. La Palabra de Dios nos enseña que este receptor de dolor que colocaron en Jabes le trajo sufrimiento, pobreza, ceguera (sin visión), y estaba destinado a no tener nada. Por eso, su oración fue pidiéndole a Dios que quitara ese receptor de dolor, para que nada más le causara sufrimiento en la vida. Jabes llegó a pensar, debido al receptor que le habían puesto, que todo lo que hiciera le causaría dolor. Si emprendía un negocio, iba a fracasar; si se casaba, iba a sufrir; si iba a la guerra, iba a morir. Todo era sufrimiento, hasta que clamó a Dios reconociendo que tenía un problema, un receptor, y pidió que se lo cancelaran, que lo destruyeran.

Es como el elefante de circo, que desde pequeño lo atan con una soga y le enseñan que mientras tenga una soga en la pata no se podrá mover a ningún lugar. En un principio trata de oponerse, tira de la cuerda y por mucho que hace, sus fuerzas no son suficientes para romperla. Termina por resignarse a quedarse inmóvil en el mismo lugar. Cuando crece y ya es joven, lo siguen atando con la misma soga. Con el tamaño y fuerza que tiene ahora, debería poder romperla, pero no lo hace porque recuerda todos los fracasos de su niñez y cada vez que hace un movimiento y siente la soga, ya no se esfuerza porque recuerda que de niño nunca pudo, y que seguramente nunca podrá.

EN LA VIDA DEL MUNDO

En la adolescencia hay muchas formas de ser contaminado: por malas amistades, por pornografía, por vicios. Eso hace que cualquier tentación de ese tipo haga que choque con la pasión escondida y entonces se vea la persona envuelta en pecado.

Ezequiel 23:14-21 (LBLA) relata cómo aumentaron las prostituciones y la contaminación de una persona. Vio hombres pintados en la pared, figuras de caldeos pintadas con bermellón, ceñidos sus lomos con cinturones y amplios turbantes en sus cabezas, con aspecto de oficiales todos ellos, semejantes a los babilonios de Caldea, tierra de su nacimiento. Cuando los vio, se apasionó de ellos y les envió mensajeros a Caldea.

Vinieron a ella los babilonios, al lecho de amores, y la contaminaron con sus prostituciones. Después de haber sido contaminada con ellos, su alma se hastió de ellos. Reveló sus prostituciones y descubrió su desnudez; entonces me hastié de ella como me había hastiado de su hermana. Pero ella multiplicó sus prostituciones, recordando los días de su juventud cuando se prostituía en la tierra de Egipto.

Se apasionó de sus amantes, cuya carne es como la carne de los asnos y cuyo flujo es como el flujo de los caballos. Añoraste así la lujuria de tu juventud, cuando los egipcios palpaban tu seno, acariciando los pechos de tu juventud.

Según este pasaje, el receptor fue activado por algo pintado en una pared. Esto nos muestra que a través de cualquier medio de comunicación es propicio para enviar un mensaje con pornografía y colocar un receptor. Una vez puesto el receptor, vemos que viene la pasión y se desenfrenan tanto con esa pasión que buscan a quienes los llevan al pecado.

Esto los hace recordar los tiempos de su cautiverio en Egipto y su vida pasada, de la cual el Señor ya los había sacado. Cuando se tiene un receptor, no se puede jugar con el pecado, se debe poner un hasta aquí, se debe tener el valor para decir basta.

Hay tantas cosas que nos pueden llevar a nuestra vida pasada:

- Una fotografía
- Una llamada telefónica
- Un olor de un perfume
- Una canción
- Una revista
- Una prenda de vestir
- Un osito de peluche

No se trata tanto de echar fuera demonios como se ha creído, sino de sojuzgar la carne. A veces perdemos tanto tiempo en esta guerra espiritual cuando es mejor tener el alma ministrada y sojuzgada. Nos afanamos por escondernos de las tentaciones, cuando sería mejor quitar los receptores, que son los que reaccionan y responden a la tentación. "Mientras sigan abiertas las pistas, los aviones seguirán aterrizando".

Fue fácil pecar para Nadab y Abiú, los hijos de Aarón, porque había un receptor de licor. Por eso, Sansón solo gustaba del vino, porque tenía un receptor que le había dejado su madre.

ERRADICANDO RECEPTORES

Para erradicar los receptores de nuestra vida, Dios nos ha proporcionado varias armas, todas ellas efectivas y poderosas. Sin embargo, es necesario utilizarlas y profundizar en ellas para pelear cada día con más seguridad y fe, de tal manera que nuestra lucha y nuestros esfuerzos no parezcan en vano.

Recibiendo a Cristo Jesús como salvador y, en esta ocasión, como libertador.

El Bautismo en agua. Esto matará muchos egipcios que nos persiguen desde el mundo.

- Colosenses 2:11-12 "En El también fuisteis circuncidados con una circuncisión no hecha por manos, al quitar el cuerpo de la carne mediante la circuncisión de Cristo; habiendo sido sepultados con El en el bautismo, en el cual también habéis resucitado con El por la fe en la acción del poder de Dios, que le resucitó de entre los muertos".

Confesando nuestras faltas y las de nuestras generaciones, y apartándonos.

- Daniel 9:4-5 (LBLA) dice: "Y oré al Señor mi Dios e hice confesión, y dije: Ay, Señor, el Dios grande y temible, que guardas el pacto y la misericordia para los que te aman y guardan tus mandamientos, hemos pecado, hemos cometido iniquidad, hemos hecho lo malo, nos hemos rebelado y nos hemos apartado de tus mandamientos y de tus ordenanzas".

- Levítico 13:2 (LBLA) dice: "Cuando un hombre tenga en la piel de su cuerpo hinchazón, erupción o mancha blanca lustrosa, y se convierta en infección de lepra en la piel de su cuerpo, será traído al sacerdote Aarón o a uno de sus hijos, los sacerdotes".

Alabanza y adoración.

- Josué 6:16 (LBLA) relata: "Y sucedió que, a la séptima vez, cuando los sacerdotes tocaron las trompetas, Josué dijo al pueblo: '¡Gritad! Pues el Señor os ha dado la ciudad'".

Por el poder de la palabra.

- Juan 15:3 (LBLA) afirma: "Vosotros ya estáis limpios por la palabra que os he hablado".

CONCLUSIONES

1. Existen en nosotros receptores que solo están esperando un estímulo externo, una señal, para activar el pecado en nosotros.
2. Los receptores pueden ser colocados en cualquier etapa de nuestra vida, incluso desde tres generaciones atrás.
3. Toda experiencia traumática en la vida de una persona puede generar un receptor que luego conducirá al pecado.
4. Incluso a Jesucristo intentaron colocarle receptores, pero no lo permitió, sino que cumplió con la obra salvadora y liberadora.
5. Podemos erradicar los receptores a través de herramientas como la fe en Cristo, el bautismo, la confesión y el arrepentimiento, la alabanza y la adoración, y el poder de la palabra.
6. No solo debemos expulsar los demonios, sino también identificar y cancelar los receptores que nos llevan al pecado.

CAPITULO 11

La Alabanza

Isaias 35:5 Entonces se abrirán los ojos de los ciegos, y los oídos de los sordos se destaparán. 6 El cojo entonces saltará como un ciervo, y la lengua del mudo gritará de júbilo, porque aguas brotarán en el desierto y arroyos en el Arabá. 7 La tierra abrasada se convertirá en laguna, y el secadal en manantiales de aguas; en la guarida de chacales, su lugar de descanso, la hierba se convertirá en cañas y juncos. 8 Allí habrá una calzada, un camino, y será llamado Camino de Santidad; el inmundo no transitará por él, sino que será para el que ande en ese camino; los necios no vagarán por él.9 Allí no habrá león, ni subirá por él bestia feroz; éstos no se hallarán allí, sino que por él andarán los redimidos.10 Volverán los rescatados del Señor, entrarán en Sion con gritos de júbilo, con alegría eterna sobre sus cabezas. Gozo y alegría alcanzarán, y huirán la tristeza y el gemido.

INTRODUCCIÓN

Para poder hablar de la alabanza, es necesario tocar rápidamente algunos temas importantes para comprender de qué se trata y por qué se hace.

Según la palabra, Sión es una dimensión donde Dios está presente y a la cual podemos acercarnos. Pablo mencionó que pudieron acercarse y, al hacerlo, percibieron algo diferente. Sin embargo, ahora no solo queremos estar cerca, sino ingresar. Pareciera ser una puerta dimensional, y en las escrituras vemos cómo David podía ingresar porque tenía una llave que mantenía la gloria de Dios cerca de él en su ministerio, en sus batallas y en su adoración.

Cuando el pueblo de Israel regresó de la cautividad, Nehemías comenzó la restauración de las puertas del templo. La primera puerta que restauró fue la de las ovejas, y la última fue la de la cárcel. Esto nos habla de un círculo profético que tiene un significado espiritual para nuestra vida en la actualidad.

Este círculo profético se está cerrando de nuevo, y la última puerta que se restaurará antes de la segunda venida de Cristo por su iglesia será la de los presos. Esta puerta se restaura mediante la alabanza de aquellos que han sido transformados. Hay muchas transformaciones que debemos experimentar en nuestra vida, como la transformación de la ciudad, la transformación por la luz, la transformación de los escuderos, la transformación a semejanza de Cristo, la transformación por la unción y, finalmente, la transformación por la alabanza.

La tierra es la cárcel de los cuerpos y el cuerpo es la cárcel de los espíritus, pero también hay cárceles del alma que deben abrirse, y eso es lo que abordaremos en este tema sobre la alabanza.

También es necesario hablar sobre algunas figuras bíblicas que nos enseñan cómo se involucra nuestro ser integral al momento de ofrecer nuestra alabanza. La Biblia dice: "Todo lo que respira alabe a Jehová". La palabra "respira" en este contexto se refiere al aliento de vida dado por Dios (Salmos 150).

En Jueces 7:16, la Biblia nos describe como jarrones de barro con una antorcha encendida, y notamos que cuando se tocaron los instrumentos de viento (figura del Espíritu), los cántaros se rompieron y solo se vio la antorcha encendida (Cristo en nosotros).

La alabanza se divide en varias facetas representadas por tribus en la Biblia. Por ejemplo, dentro de los levitas de Coat había cantores que estaban exentos de otros servicios porque se dedicaban al trabajo del Pan de la Presencia. El ministrar el pan es una figura de ministrar la Palabra, y aquí vemos cantores que figurativamente ministraban la palabra (1 Crónicas 9:32-33). Sin embargo, también notamos en 2 Crónicas 25:1-4 que hay tres grupos de personas que conforman un equipo de alabanza, y abordaremos estos tres grupos y lo que representan en este estudio.

LA LLAVE DE DAVID, ANTIGUO TESTAMENTO En Isaías 22:22, la Biblia dice: "Pondré la llave de la casa de David sobre su hombro; cuando él abra, nadie cerrará, cuando él cierre, nadie abrirá". Esta misma llave se le da a la iglesia de Filadelfia, que representa la iglesia que, aunque no tiene mucha fuerza, ha guardado la palabra del Señor y se irá antes de que llegue el tiempo de prueba para los habitantes de la tierra. David fue un hombre de Dios que tenía la llave para ingresar a la presencia de Dios, y esa llave era la alabanza revelada.

No se trataba solo de tocar instrumentos y cantar con buenas voces, sino que era una actividad sacerdotal. Por eso, hay un relato en el que David toma el arca del pacto y la lleva e ingresa a Sión. El movimiento del arca era una tarea sacerdotal.

En primer lugar, notemos que todo esto era un trabajo sacerdotal, pero David no era de la tribu de Leví para ejercer actividades sacerdotales. Él pertenecía a la tribu de Judá, pero comenzó a desarrollar, con la autoridad de Dios, un sacerdocio nuevo que nadie conocía. El único sacerdocio que ejercía, además del sacerdocio aarónico, pero en una esfera diferente, era el de Melquisedec, quien aparece por primera vez en el libro de Génesis.

Para el traslado del arca de la presencia, vemos en el segundo libro de Samuel, capítulo seis, dos desfiles: en el primero, David creyó que podía imponer sus propias ideas:

- Preguntó cómo habían movido el arca los filisteos.
- No consultó la escritura ni a Dios.
- Colocó el arca en un carro nuevo en lugar de utilizar a los sacerdotes de Coat.
- Dos hombres guiaban el arca, y uno de ellos, Uza (fuerza), murió en el intento.

En el segundo intento, después de esperar tres meses, David decidió seguir la palabra:

- Quitó el carro nuevo y puso a los sacerdotes.
- El arca los guiaba y los cuidaba a ellos.
- David se puso el efod para ir delante del arca.
- Organizó música, cantores, shofar y danzas.
- Logró entrar en Sion (Jerusalén) con alabanza.

EL HIJO PRÓDIGO EN LOS EVANGELIOS

Lucas 15:21-23, el hijo le dijo al padre: "Padre, he pecado contra el cielo y contra ti; ya no soy digno de ser llamado tu hijo". Pero el padre dijo a sus siervos: "Rápido, traed la mejor ropa y vestidle, poned un anillo en su mano y sandalias en sus pies; traed el becerro engordado y matadlo, y comamos y hagamos fiesta".

Lucas 15:25, el hijo mayor estaba en el campo, y cuando se acercó a la casa, oyó música y danzas.

Aquí vemos cómo un hijo de Dios que quiere regresar a la casa del Padre debe hacerlo con cánticos. El Padre lo prepara para la fiesta y le da tres cosas:

- Ropa especial, blanca como la de los sacerdotes. No puede entrar vistiendo ropas del mundo, ni en harapos, sino en la vestimenta adecuada para la casa de Dios.
- Un anillo de pacto.
- Zapatos que no son propios, sino que son del Padre. No podemos llevar nuestra propia idea del evangelio, sino que debemos seguir lo que el Padre ha dejado con plena libertad.

EL COJO DE LA HERMOSA EN EL NUEVO TESTAMENTO

En Hechos 3:2, había un hombre cojo desde su nacimiento, a quien llevaban y ponían diariamente a la puerta del templo llamada la Hermosa para que pidiera limosna a los que entraban.

- Hechos 3:6-8, Pedro dijo: "No tengo plata ni oro, pero lo que tengo te doy: en el nombre de Jesucristo el Nazareno, levántate y anda". Tomándolo de la mano derecha, lo levantó y al instante sus pies y tobillos cobraron fuerza. Saltó en pie, caminó y entró al templo con ellos, saltando y alabando a Dios.

Recordemos que uno de los enemigos de Sion eran los cojos, y este hombre cojo nunca entraba a las reuniones, siempre estaba en la puerta del templo. Pero de repente, experimentó el fluir apostólico y el nombre de Jesús fue poder para su vida. Este encuentro dio origen en su vida a un proceso para poder entrar al templo de acuerdo a lo que David enseñaba:

- Fue levantado: cuesta mucho levantarse solo, el orgullo de la soledad a veces no lo permite, pero le ministraron fuerza y pudo caminar.

El Espíritu Santo le reveló la forma de entrar al templo.

- Caminó.
- Saltó.
- Alabó.

Esta es la fórmula para entrar a una nueva dimensión, dejar de ser inútil. Si ya estamos en Cristo, entremos a Su casa caminando con las sandalias del evangelio, saltemos de gozo y alabemos al Señor.

JUAN EN APOCALIPSIS

En Apocalipsis 4:1 se menciona que Juan vio una puerta abierta en el cielo, y una voz como de trompeta le dijo: "Sube aquí, y te mostraré las cosas que deben suceder después de estas". Cuando Juan ingresó a esa dimensión celestial, lo primero que se le mostró fue el trono de Dios, donde había seres que no eran de la tierra, algunos de ellos con hasta cuatro caras, y también había 24 ancianos que representaban las órdenes sacerdotales del Cosmos. Aun ellos alababan al Señor.

En Apocalipsis 4:9-10 se menciona que cada vez que los seres vivientes dan gloria, honor y acción de gracias al que está sentado en el trono, al que vive por los siglos de los siglos, los veinticuatro ancianos se postran delante del que está sentado en el trono, y adoran al que vive por los siglos de los siglos, y echan sus coronas delante del trono, diciendo:

Vemos que toda la adoración se centra en el trono, donde están:

- **El Cordero.**
- **El canto nuevo.**
- **Los ángeles.**
- **Toda la creación del cielo, de la tierra, debajo de la tierra y del mar.**

Ellos decían "¡Amén! ¡Amén!".

En Apocalipsis 5:13 se dice: "Y a toda cosa creada que está en el cielo, sobre la tierra, debajo de la tierra y en el mar, y a todas las cosas que en ellos hay, oí decir: Al que está sentado en el trono, y al Cordero, sea la alabanza, la honra, la gloria y el dominio por los siglos de los siglos".

EL REGRESO A SION

Isaías 35:10 dice: "Volverán los rescatados del Señor, entrarán en Sion con gritos de júbilo, con alegría eterna sobre sus cabezas. Gozo y alegría alcanzarán, y huirán la tristeza y el gemido". Por eso se dice que:

- **Los ciegos verán.**
- **Los sordos oirán.**
- **Los cojos saltarán.**
- **Los mudos cantarán.**

- Jeremías 31:12-13 dice: "Vendrán y gritarán de júbilo en lo alto de Sion, y radiarán de gozo por la bondad del Señor: por el grano, por el vino y por el aceite, y por las crías de las ovejas y de las vacas. Su alma será como huerto regado, y nunca más languidecerán. Entonces la virgen se alegrará en la danza, y los jóvenes y los ancianos a una; cambiaré su duelo en gozo, los consolaré y los alegraré de su tristeza".

  1. Se gritará de júbilo.
  2. Se danzará.

ALABANZA DE LOS TRANSFORMADOS

Hechos 16:25-30 relata cómo Pablo y Silas, estando en la cárcel, oraban y cantaban himnos a Dios, y los presos los escuchaban. De repente, ocurrió un gran terremoto que sacudió los cimientos de la cárcel, abriendo todas las puertas y soltando las cadenas de todos. El carcelero, al ver esto, estaba a punto de suicidarse pensando que los prisioneros habían escapado, pero Pablo clamó a gran voz diciendo: "No te hagas ningún daño, pues todos estamos aquí". Entonces, el carcelero pidió luz, se precipitó adentro y temblando se postró ante Pablo y Silas. Después de sacarlos, el carcelero les preguntó: "Señores, ¿qué debo hacer para ser salvo?". Es interesante preguntarse quiénes soltaron las cadenas de Pablo, Silas y los demás presos.

Sin duda, tuvieron una visitación de tipo angélico tan poderosa que el solo hecho de que los ángeles posaran sus pies en ese lugar hizo temblar la tierra. Fue tan tremendo que bajaron tantos ángeles como puertas y presos había en ese lugar, porque todas las puertas se abrieron y las cadenas se soltaron al mismo tiempo. Sin embargo, es curioso que ningún preso escapó.

- Salmos 102:18-20 dice: "Esto se escribirá para las generaciones futuras, para que un pueblo aún por crear alabe al Señor. Pues Él miró desde su excelso santuario; desde el cielo el Señor se fijó en la tierra, para oír el gemido de los prisioneros, para poner en libertad a los condenados a muerte". Se nos dice que contaremos nuestra historia de prisioneros y ellos alabarán, pero aprenderán de aquellos que cantamos porque hemos experimentado una transformación.

En este caso, Pablo ya había experimentado su transformación en el camino de Damasco. Él gozaba de una libertad interna tal que cuando cantó y las cárceles se abrieron, los presos no se fueron, ¡se quedaron! Estaban libres físicamente, pero seguían siendo prisioneros espirituales. Esto nos deja ver que, en medio del canto, la cárcel misma se había transformado. Ya no era un ambiente de tortura y dolor, sino un lugar donde la presencia de Dios se manifestaba. Por eso, todos los presos se quedaron en la puerta de la cárcel, no por sus crímenes, sino por el amor a esa presencia libertadora de Dios.

- Efesios 4:1 dice: "Yo, pues, prisionero del Señor, os ruego que viváis de una manera digna de la vocación con que habéis sido llamados".

Debemos aprender a cantar himnos a Dios, y cuando alguien canta con todo su corazón por primera vez, es porque algo ha sucedido. Aquel que no canta debe examinarse a sí mismo, porque algo no está bien en su interior. Hay tres cantos en la Biblia que nos hablan de la alabanza y sus efectos:

- El cántico de Moisés es el primero de liberación.
- El cántico de María es el primero de gratitud.
- El cántico de David es el primero en establecerse como modelo.

CÁNTICO DE MOISÉS: DE ESCLAVOS A LIBRES

Éxodo 15:1-3 Entonces Moisés y los hijos de Israel cantaron este cántico al Señor y dijeron: "Canto al Señor porque ha triunfado gloriosamente; al caballo y a su jinete ha arrojado al mar. Mi fortaleza y mi canción es el Señor, y ha sido para mí salvación; este es mi Dios, y le glorificaré, el Dios de mi padre, y le ensalzaré. El Señor es fuerte guerrero; el Señor es su nombre."

El canto fue producto de un evento extraordinario. Por primera vez, el pueblo de Israel cantó cuando fueron liberados de la esclavitud por la poderosa mano de Dios en una confrontación contra otros dioses. El pueblo de Dios salió victorioso y experimentó una transformación de ser esclavos a ser libres. Sin embargo, incluso después de ser liberados, aún había algunos procesos pendientes:

- Seguían vistiendo ropa egipcia.
- No se congregaban.
- Hablaban como los egipcios.
- Tenían costumbres egipcias.

A pesar de eso, reconocieron que todo lo que había sido hecho por Dios, toda la obra de liberación de sus familias fue obra de Dios mismo. En ese reconocimiento, surgieron cosas muy importantes, como el hecho de que su canción era para Jehová. El cántico de los transformados tiene un solo nombre: Dios mismo. Cuando Jehová es nuestra canción, produce fortaleza y salvación. Para los israelitas fue Jehová, pero para nosotros hoy es Jesús, el autor y consumador de la fe, el Salvador del mundo.

Este cántico de liberación dio origen a las danzas con panderos.

- Éxodo 15:20-21 Miriam la profetisa, hermana de Aarón, tomó en su mano el pandero, y todas las mujeres salieron tras ella con panderos y danzas. Y Miriam les respondía: "Cantad al Señor porque ha triunfado gloriosamente; al caballo y a su jinete ha arrojado al mar."

El canto de liberación de Moisés llevó a la aparición del canto de María, que no solo involucraba la voz, sino también el cuerpo y los instrumentos. María comenzó a cantar y danzar al mismo tiempo.

EL MAGNIFICAT DE MARÍA: DE HUMILDE SIERVA A BIENAVENTURADA

- LUCAS 1:46-55 Entonces María dijo: "Mi alma engrandece al Señor y mi espíritu se regocija en Dios mi Salvador. Porque ha mirado la humilde condición de su sierva; pues he aquí, desde ahora en adelante todas las generaciones me tendrán por bienaventurada. Porque grandes cosas me han hecho el Poderoso; y santo es su nombre. De generación en generación es su misericordia para los que le temen. Ha hecho proezas con su brazo; ha esparcido a los que eran soberbios en los pensamientos de su corazón. Ha quitado a los poderosos de sus tronos; y ha exaltado a los humildes; a los hambrientos ha colmado de bienes y ha despedido a los ricos con las manos vacías. Ha ayudado a Israel, su siervo, para recuerdo de su misericordia, tal como dijo a nuestros padres, a Abraham y a su descendencia para siempre."

María nunca había cantado antes, pues su vida había sido muy difícil. Desde muy joven:

- Sus planes fueron cambiados.
- Dios mismo le reveló que tenía un propósito para ella.
- Su amado José quería dejarla.
- Tuvo que guardar en secreto que llevaba en su vientre al Hijo de Dios.
- No sabía cómo criar a Jesús.
- Nadie le creería que dentro de ella estaba el Hijo de Dios.

Pero ahora, por primera vez, María quería magnificar a Dios. Magnificar significa hacer grande a Dios, quien la había escogido. Vemos que María tenía un profundo conocimiento de la Palabra, pues su cántico se asemeja al de Ana, pero con una nueva unción. Ana, madre de Samuel, ungiría a David para que tomara el trono, pero María daría a luz al Ungido mismo, Jesús, quien se sentaría en el trono para siempre y sería de la descendencia de David.

- Ana tuvo a Samuel para ungir.
- María tuvo a Jesús, el Ungido.

- HECHOS 10:46-47 Mientras Pedro aún hablaba estas palabras, el Espíritu Santo cayó sobre todos los que escuchaban el mensaje. Y todos los creyentes circuncisos que habían venido con Pedro se quedaron asombrados de que el don del Espíritu Santo se derramara también sobre los gentiles, pues los oían hablar en lenguas y exaltar a Dios. Entonces Pedro dijo: "¿Puede acaso alguien negar el agua para que sean bautizados estos que han recibido el Espíritu Santo lo mismo que nosotros?"

Vemos cómo en el libro de Hechos se repite el Magníficat, pero ahora es en un grupo de personas. Estas personas se dieron cuenta, al igual que María, de que habían sido escogidas para que en ellas fuera depositado el Hijo de Dios y su unción, pero esta vez en forma del Espíritu Santo.

CANTO PROFÉTICO DE DAVID

1 CRÓNICAS 16:7-8 En aquel día, por primera vez, David puso en manos de Asaf y sus parientes este salmo para dar gracias al Señor: "Dad gracias al Señor, invocad su nombre; dad a conocer sus obras entre los pueblos".

Vemos que David era un hombre con el perfil que todos aquellos que hacen música y alaban al Señor deben tener, especialmente aquellos que participan como músicos o cantores en un equipo de alabanza.

DE BELEN	CASA DEL PAN
SABE TOCAR	QUE HACE MUSICA Y LO HACE BIEN
GIBBOR	PODEROSO Y FUERTE
VALIENTE	FUERZA DE HOMBRES QUE TIENEN RECURSOS EN UNA ARMADA
HOMBRE DE GUERRA	CONOCE LAS LEYES DEL SOLDADO
PRUDENTE EN PALABRAS	ENTENDIDO, SEPARADO MENTALMENTE PARA LA PALABRA
BIEN PARECIDO	HERMOSOS, DELANTE DE DIOS
JEHOVA ESTA CON EL	TIENE EL RESPALDO DE DIOS EN LO QUE HACE

El libro de los salmos está dividido en cinco libros, a estos se les llama "la tora de David".

LA TORA DE MOISES	**LA TORA DE DAVID**
ES LA LEY	ES LA GRACIA
CAIDA DE ISRAEL NACIONAL	LEVANTAMIENTO DE ISRAEL ESPIRITUAL
LA HISTORIA DE ISRAEL:	LA HISTORIA DEL CREYENTE
GENESIS = LA VIDA	LA VIDA ELEGIDA POR GRACIA
EXODO = DE LA REDENCION	LA REDENCION POR EL CORDERO
LEVITICO = DE LA SANTIFICACION	COMUNION CON DIOS
NUMEROS = LA PRUEBA	OSCURIDAD POR LA PRUEBA
DEUTERONOMIO = GOBIERNO	DIOS GOBIERNA

Y el arca de la presencia ingresa a la ciudad y establece la presencia de Dios en su casa. David se da a la tarea de poner en su primer canto cinco ingredientes.

DAR GRACIAS

- 1 Crónicas 16:8 "Dad gracias al Señor, invocad su nombre; dad a conocer sus obras entre los pueblos".
  1. "Dar gracias" es "yadah" y significa:
     1. Dar gracias porque tenemos la victoria antes de la batalla.
     2. Confesar lo que Dios hará.
     3. Es tirar una piedra.
- **CANTADLE**
- 1 Crónicas 16:9 "Cantadle, cantadle alabanzas; hablad de todas sus maravillas".
  1. "Cantadle" es "shir" y significa:
     1. Tocar un instrumento.
     2. Dar vueltas como inspeccionando el rebaño.

GLORIAOS

- 1 Crónicas 16:10 "Gloriaos en su santo nombre; alégrese el corazón de los que buscan al Señor".
    1. "Gloriaos" es "halal" y significa:
        1. Brillar.
        2. Hacer un espectáculo.
        3. Actuar alocadamente.
        4. Alardear, es como jactarse: ¡Quién como Jehová!

BUSCAD

- 1 Crónicas 16:11 "Buscad al Señor y su fortaleza; buscad su rostro continuamente".
    1. "Buscar" es "darash" y significa:
        1. Inquirir de Dios en oración.
        2. Buscar revelación.
        3. Entrar en su pacto.
        4. Proféticamente, es buscar su rostro.

RECORDAD

- 1 Crónicas 16:12 "Recordad las maravillas que Él ha hecho, sus prodigios y los juicios de su boca".
    1. "Recordad" es "zakar" y significa:
        1. Hacer volver en sí.
        2. Marcar para ser recordado.
        3. Es como quemar incienso.

LA PARTICIPACIÓN DEL SER INTEGRAL

- Salmos 150:1-6 ¡Aleluya! Alabad a Dios en su santuario; alabadle en su majestuoso firmamento. Alabadle por sus hechos poderosos; alabadle según la excelencia de su grandeza. Alabadle con sonido de trompeta; alabadle con arpa y lira. Alabadle con pandero y danza; alabadle con instrumentos de cuerda y flauta. Alabadle con címbalos sonoros; alabadle con címbalos resonantes. Todo lo que respira alabe al SEÑOR. ¡Aleluya!

El salmo 150 en sí mismo es motivo de un estudio aparte, pues nos habla de todo lo que es la alabanza. Sin embargo, lo citamos porque este salmo implica la inclusión del cuerpo, el alma y el espíritu del ser humano para poder ofrecer alabanza delante de Dios.

- Jueces 7:16 "Y dividió los trescientos hombres en tres compañías, y puso trompetas y cántaros vacíos en las manos de todos ellos, con antorchas dentro de los cántaros".

Es interesante cómo la Biblia está llena de figuras o tipologías que nos ayudan a entender el propósito de Dios para nuestra vida. En el relato de Gedeón y sus 300 hombres, vemos cómo fueron divididos en tres grupos: cuerpo, alma y espíritu. Luego, a cada grupo se le dio trompetas, lo cual nos habla de la capacidad de expresarse y desenvolverse.

Finalmente, puso cántaros en los tres grupos, pero dentro de cada cántaro puso una antorcha encendida, lo cual nos habla de la palabra de Dios.

- 2 Pedro 1:19 "También tenemos la palabra profética que es aún más firme. Hacéis bien en estar atentos a ella, como a una antorcha que alumbra en lugar oscuro, hasta que aclare el día y el lucero de la mañana se levante en vuestros corazones".

Es necesario que despertemos a la realidad de que lejos de la palabra de Dios, jamás seremos lo que debemos ser, y lo más tremendo es que si no permitimos que la lámpara de la palabra alumbre la oscuridad que hay en nosotros, el lucero de la mañana que es Cristo nunca se manifestará en nuestros corazones. Esa manifestación se refiere a nuestro perfeccionamiento integral para poder ser arrebatados y formar parte de la Novia de Cristo.

FIGURAS DE PERSONAJES TIPIFICANDO LA ALABANZA

ASAF (C U E R P O)

- Nehemías 12:46 Porque desde el tiempo de David y de Asaf, desde tiempos antiguos, había directores de los cantores para cantar alabanzas y salmos de acción de gracias a Dios.

Notamos que en la Biblia se habla de que utilizaban a los hábiles y estos fueron los que instruyeron. Eran la materia prima primero, pero necesitaban ser trabajados, adiestrados, equipados cada uno en su área específica para poder presentar al Señor un servicio y ministerio de excelencia. Asaf aportó cuatro instrumentos de percusión, y es figura del cuerpo.

JEDUTÚN (A L M A)

- 1 Crónicas 16:42 Con ellos estaban Hemán y Jedutún con trompetas, címbalos resonantes y otros instrumentos para el canto de Dios. Y los hijos de Jedutún fueron designados para la puerta.

En aquellos días se ofrecían ofrendas quemadas al Señor constantemente, figura de ofrecerle a Dios nuestro ser como una ofrenda. Estos hombres selectos estaban designados por nombres para dar gracias a Dios hasta tiempo indefinido en su bondad amorosa. Más adelante, el pueblo procedió a irse cada uno a su propia casa, pero David se fue a su casa para bendecirla. Los sacrificios nos hablan de que nuestra alma es la que debe ser ofrecida en sacrificio para que sea consumida toda la grosura del pecado, de modo que podamos ofrecer a Dios un culto agradable. Jedutún aportó seis instrumentos de cuerdas, y es figura del alma.

HEMAN (ESPÍRITU)

- 1 Crónicas 15:16-17: Asimismo, David dijo a los principales de los levitas que designaran de sus hermanos a cantores, con instrumentos musicales: liras, arpas y címbalos resonantes, y que levantasen la voz con alegría. Entonces los levitas nombraron a Hemán hijo de Joel; y de sus hermanos a Asaf hijo de Berequías; y de los hijos de Merari, sus hermanos, a Eitán hijo de Cusaías.

Sabemos que para llegar a ser adoradores en espíritu y en verdad, tenemos que ser sacerdotes ungidos, revestidos con la cobertura de Dios, como en aquellos días cuando los levitas se mantuvieron de pie con los instrumentos de David y los sacerdotes con las trompetas. Hemán aportó 14 instrumentos de viento y es una figura del Espíritu.

Por lo tanto, entendemos que nuestro espíritu debe estar involucrado en la alabanza, y solo los espíritus que han sido vivificados alaban al que vive para siempre. Un espíritu vivo transmite vida al alma y al cuerpo. Nuestras actitudes externas durante el culto son solo el reflejo de nuestra vida interior. Si a la hora del culto nos da sueño, nos sentimos cansados, etc., significa que nuestro espíritu tiene un grave problema con el alma y el cuerpo. En otras palabras, estamos llevando una vida carnal y no espiritual. No estamos buscando a Dios como deberíamos.

Para atraer el arca de la presencia de Dios a nosotros, aquí hay algunos puntos:

SANTIDAD

- 1 Crónicas 15:12: Y les dijo: "Vosotros sois los jefes de las casas paternas de los levitas; santificaos, tanto vosotros como vuestros parientes, para que subáis el arca del SEÑOR, Dios de Israel, al lugar que le he preparado".

La santificación proviene directamente de la disposición de nuestros corazones, elevando toda alabanza con sinceridad y agradecimiento. Para que la presencia de Dios more en nuestras casas, en medio de nuestra familia, es necesario que nos santifiquemos. Sin santidad, nadie verá al Señor.

MINISTRACIÓN

- 1 Crónicas 15:14: Se santificaron, pues, los sacerdotes y los levitas para subir el arca del SEÑOR, Dios de Israel.

Para poder elevar una alabanza al Señor con un olor agradable ante los ojos de Dios, debemos tener un lavatorio constante en nuestro caminar. De esta manera, nos estaremos purificando día a día. Es necesario deshacernos de toda carga de pecado, limpiar toda mancha de pecado a través de la ministración.

EQUILIBRIO

- 1 Crónicas 15:15: Y los hijos de los levitas llevaron el arca de Dios sobre sus hombros, con las barras puestas, como Moisés había ordenado conforme a la palabra del SEÑOR.

En aquellos días, el arca del pacto era llevada por cuatro personas, lo que representa el equilibrio que debemos tener en los cuatro evangelios de la Biblia, los cuales cubren tanto nuestros lados frontales como laterales. El equilibrio implica llevar una vida de libertad sin sumergirnos en el libertinaje. Significa obedecer la ley de Dios sin ser legalistas. Este equilibrio es importante porque el libertinaje corrompe, y la ley mata.

UNCIÓN SOBRE CABEZAS

- 1 Crónicas 15:16: Entonces David habló a los jefes de los levitas para que designaran a sus parientes los cantores, con instrumentos de música, arpas, liras y címbalos muy resonantes, alzando la voz con alegría.

Así como en aquellos días se elevó fuertemente la alabanza a través de aquellos que iban al frente del pueblo, ya que eran los que recibían directamente la unción para transmitirla al pueblo, también sabemos que la unción que caiga sobre la cabeza descenderá hasta el borde de las vestiduras, que representa la Iglesia, el Cuerpo de Cristo.

COBERTURA

- 1 Crónicas 15:27: David iba vestido de un manto de lino fino, también todos los levitas que llevaban el arca, asimismo los cantores y Quenanías, director de canto entre los cantores. David además llevaba encima un efod de lino.

Sabemos que el manto que David llevaba representa el nuevo manto con el que somos revestidos al ser reconocidos por el Señor. Una vez que tenemos su cobertura, nuestra alabanza será genuina. Debemos presentarnos delante de Dios adecuadamente vestidos para ofrecerle una alabanza pura. Debemos reconocer las coberturas ministeriales para no parecer desnudos delante de Dios cuando le ofrecemos culto.

ALIMENTO Y FIESTA

- 1 Crónicas 16:2-3: Cuando David terminó de ofrecer el holocausto y las ofrendas de paz, bendijo al pueblo en el nombre del SEÑOR. Luego repartió a todos, tanto a hombres como a mujeres, una torta de pan, una porción de dátiles y una de pasas.

Observamos que después de la alabanza, David ministró la Palabra de Dios (representada por el pan). Luego, dieron gracias, lo que simboliza el corazón agradecido que debemos tener al adorar al Señor. Además, David dio al pueblo dátiles y pasas, que representan las experiencias agradables que quedan después de experimentar la presencia de Dios. En cada culto, debemos salir con la Palabra grabada en nuestro corazón (la torta de pan) y con las experiencias personales con Dios (dátiles y pasas).

CÓMO PUEDE HABER FRACASO EN LA ALABANZA

- CUANDO USAMOS NUESTRA PROPIA FUERZA
- 1 Crónicas 13:7: Llevaron el arca de Dios de la casa de Abinadab en un carro nuevo, y Uza y Ahío guiaban el carro.
- 1 Crónicas 13:9: Pero cuando llegaron a la era de Quidón, Uza extendió su mano para sostener el arca, porque los bueyes casi la volcaron.

Uza significa "Fuerza". Notamos que cuando llevaban el arca, Uza extendió la mano para sostenerla porque los bueyes casi la volcaron. La ira de Dios se encendió de manera intensa y Uza fue derribado y murió al instante. En Éxodo 25:15, Dios había establecido el orden para colocar el arca y a qué lugar se trasladaría, pero David desobedeció y dirigió al pueblo hacia el lugar incorrecto.

CONCLUSIONES:

1. David nos da la clave para entrar en Sion: la alabanza.
2. El padre enseña a su hijo que cuando se reconcilie, recibirá vestiduras y zapatos nuevos para poder entrar a la fiesta. No es el hijo quien compra estas cosas.
3. Los cojos, aquellos que no pueden caminar y son inútiles, no deben quedarse como espectadores. En el nombre de Jesús, caminemos como hijos de Dios, saltemos y digamos: ¡ya no soy cojo!, alabemos al Señor.
4. Juan llegó al cielo y lo primero que encontró fue alabanza y adoración celestial. Pudo decir: ahora entiendo al rey David, al pródigo y al cojo.

5. El canto de liberación de Moisés es un canto con panderos y danzas.
6. El canto de gratitud de María lleva saltos de júbilo.
7. El canto de establecimiento de David es como lanzar una piedra en fe de la victoria, dar vueltas como inspeccionando al rebaño, hacer alardes y jactarnos de nuestro Dios (como montando un espectáculo) y actuar alocadamente para entrar en su pacto y ver su rostro. Esto será como un incienso.
8. Asaf, Hemán y Jedutún aportaron un total de 24 instrumentos, que representan las 24 funciones sacerdotales que Dios tiene en el cielo, en cuerpo, alma y espíritu.
9. Debemos buscar la perfección en la santidad en cada momento, mediante el temor de Dios que está en nosotros.
10. A través de las promesas que nos han sido dadas, debemos limpiarnos continuamente de toda contaminación de la carne y del espíritu.
11. El aceite de unción sobre la cabeza de nuestros ministros descenderá como rocío de Hermón sobre nosotros para una alabanza perfecta.
12. Si hemos sido revestidos con el nuevo manto que nos envuelve después de ser reconocidos por el Señor, podremos alimentarnos constantemente de su Palabra y experimentar gozo en nuestros corazones.
13. No debemos actuar con nuestra propia fuerza para traer la presencia de Dios a nosotros, utilizando una unción que no nos corresponde.

CAPITULO 12

Adoración

JUAN 4:23 Pero la hora viene, y ahora es, cuando los verdaderos adoradores adorarán al Padre en espíritu y en verdad; porque ciertamente a los tales el Padre busca que le adoren.

Es notorio el hecho de que hay cosas que Dios busca en medio de toda su creación, y aún más notorio es que no se trata de predicadores, músicos o danzarinas. No queremos decir con esto que a Dios no le guste la labor que realizan, sino que, de alguna manera, Dios quiere que entendamos que debemos tener una actitud de adoración en todo momento.

Ahora bien, trataremos de conceptualizar de una forma sencilla qué es la adoración: es un acto de homenaje o reverencia continua a Dios, como reconocimiento de su naturaleza, atributos, caminos y demandas que nos conducen a obedecer por agradecimiento. La adoración genuina es tan importante para el hombre que Dios busca "tales adoradores" que estén delante de su presencia. Para entender mejor la adoración, veremos en este estudio algunas de las actitudes de adoración que debemos desarrollar.

Sabemos que el Padre busca adoradores que lo hagan en Espíritu y en Verdad. Es un Padre que conocemos en muchas facetas, con diferentes nombres según su función. La alabanza y adoración deben realizarse de manera completa: en cuerpo, alma y espíritu. Sin embargo, muchas personas adoran lo que no conocen (alma), y muchas personas adoran a quien conocen, a Dios, quien se les ha revelado a través de muchas experiencias (espíritu).

1. **LA ADORACIÓN IMPLICA SERVICIO**
    1. Mateo 4:10: Entonces Jesús le dijo: "¡Vete, Satanás! Porque escrito está: 'Al Señor tu Dios adorarás, y solo a él servirás'".

David dice que sirvió en su propia generación. Este hombre dedicó su vida al servicio de las cosas de Dios. Primero se preocupó por servir como defensor de las ovejas contra el oso y el león. Luego, era quien ungía el escudo de Saúl. Después, entraba y salía con el pueblo. Una vez convertido en rey, se dedicó a llevar a todos a la unidad. Ministraba a los que llegaban a Adulam y realizaba buenas obras.

Estaba completamente dedicado a servir en su vida y con su vida. "El que sirve, sirve, y el que no está sirviendo, no está sirviendo".

2. LA ADORACIÓN TRAE ACCIÓN DE GRACIAS, CANTOS Y MÚSICA
    1. 2 Crónicas 29:27-28: Entonces Ezequías mandó ofrecer el holocausto sobre el altar. Cuando comenzó el holocausto, también comenzó el canto al Señor con las trompetas, acompañado por los instrumentos de David, rey de Israel. Mientras toda la asamblea adoraba, también los cantores cantaban y las trompetas sonaban. Todo esto continuó hasta que se consumió el holocausto.

Ezequías, uno de los principales restauradores de Israel, entendió que en medio de la adoración habría cánticos de alabanza al Señor y la música de los instrumentos inventados por David con el propósito específico de adorar a Dios. David tenía un corazón de adorador y conocía el orden que agradaba a Dios en el culto. Es interesante conocer este orden:

- Salmos 68:24-25: Ellos han visto tu procesión, oh Dios, la procesión de mi Dios, mi Rey, hacia el santuario. Los cantores iban delante, los músicos detrás, en medio de las doncellas tocando panderos.

Este es el orden en la adoración de la asamblea. Más que los instrumentos, se menciona que primero están los cantores, luego los músicos que los acompañan, y en medio están las doncellas con panderos. Esto también es adoración.

3. LA ADORACIÓN CONLLEVA LA OFRENDA
    1. Mateo 2:11: Y al entrar en la casa, vieron al niño con su madre María, y postrándose, lo adoraron; y abriendo sus tesoros, le presentaron obsequios de oro, incienso y mirra.

En este pasaje, podemos ver diferentes grupos: Herodes, quienes sienten que no puede haber otro rey; los fariseos, quienes conocen la religión y el lugar, pero no adoran; y los adoradores, quienes mostraron su adoración abriendo sus tesoros. Por eso, cuando llegaba el momento de la ofrenda, David daba lo mejor de su tesoro particular.

Cuando la presencia de Dios desciende, nos despojamos de lo nuestro. Solo el adorador puede despojarse de sus tesoros personales. Cuando el Señor entró en Jerusalén, todos se despojaron de lo que tenían: mantos, túnicas e incluso ramas de palmeras, para ponerlos a los pies de Cristo. La presencia del Señor provoca en los adoradores el deseo de desprenderse de las cosas que Dios nos ha dado.

4. LA ADORACIÓN TRAE DESEO DE LIMPIEZA
    1. Mateo 8:2: Y sucedió que un leproso vino y se postró ante él, diciendo: "Señor, si quieres, puedes limpiarme". En este pasaje, vemos a un leproso, una persona que tenía problemas en la piel y sufría de una enfermedad grave. Aunque por ley no era digno de acercarse a nadie, se

detuvo a pensar que, aunque por su enfermedad no era digno de estar ante Jesús, Jesús sí era digno de recibir adoración. Por eso fue y lo adoró, diciendo que quería ser limpio.

Luego, Jesús lo envió al sacerdote para que lo inspeccionara y pudiera reintegrarse al campamento. El leproso llegó como leproso y le rociaron sangre en el oído, en la mano y en el pie. Luego fue ungido en el oído, en la mano, en el pie y finalmente en la cabeza. Todo esto fue el resultado de su actitud de adoración.

Se acercó siendo leproso y salió ungido. Este es un beneficio para aquellos que se convierten en adoradores: su deseo de limpieza es visto por Dios, quien los limpia y los unge. ¡Qué maravilloso es nuestro Dios, que se deja adorar incluso por un leproso y, como resultado de esa actitud de adoración, lo convierte en alguien ungido! Por eso la Biblia nos dice que adoremos en la hermosura de la santidad.

5. **LA ADORACIÓN TE HACE CONGREGARTE Y TE TRAE GOZO**
    1. Lucas 24:52-53: Después de adorarle, regresaron a Jerusalén con gran gozo, y estaban continuamente en el templo alabando a Dios.

Cuando tienes una actitud de adorador, te llena de un sentimiento y deseo de celebrar. Te trae una alegría interna porque tu espíritu se llena y te hace desear ir al templo. Es extraño y contrario a la Biblia pensar que es mejor no congregarse. El adorador busca el templo y encuentra gozo. David era un adorador por excelencia, y esto cambiaba su ánimo.

- Salmos 30:11-12: Has cambiado mi lamento en danza; has desatado mi cilicio y me has ceñido de alegría; para que mi alma te cante alabanzas y no esté callada. Oh Señor, Dios mío, te alabaré por siempre.

6. **LA ADORACIÓN TRAE AYUNO**
    - 2 Samuel 12:16: David, por su parte, rogó a Dios por el niño, y ayunó y entró, pasó la noche acostado en el suelo.
    - 2 Samuel 12:20: David se levantó del suelo, se lavó, se ungió y se cambió de ropa, y fue a la casa del Señor y adoró. Luego regresó a su casa y, cuando le sirvieron comida, comió.

El ayuno también es una actitud de adoración, ya que implica humillarse delante de alguien superior. Es impresionante darse cuenta de que la adoración es como una receta con varios ingredientes o presentaciones. Una vez más, vemos que cuando David ayunaba, terminaba adorando. Incluso en situaciones difíciles de prueba o corrección por parte de Dios, siempre ofrecía su adoración porque sabía que no era por sus méritos, sino porque Dios es digno.

LA ADORACIÓN EN TRES ETAPAS

- **ALMA - EUSEBEO VIVIR BASADO EN LA PIEDAD (OBRAS, SERVICIO)**

- Hechos 17:23: "Pues mientras pasaba y observaba sus objetos de culto, encontré también un altar con esta inscripción: 'AL DIOS DESCONOCIDO'. Por tanto, lo que adoráis sin conocer, esto os anuncio.

Sabemos que Dios no habita en templos paganos hechos por manos de hombres, ni es servido por manos humanas como si necesitara algo. Porque Dios ha dado vida y aliento a todas las cosas. Muchas personas dedican una devoción piadosa a un Dios que no conocen. Esta forma de adoración se lleva a cabo en el alma.

2. **CUERPO - SABOSAMAI PRECEPTOS RELIGIOSOS CORPORALES**
   - Romanos 1:25: Porque cambiaron la verdad de Dios por la mentira, y adoraron y sirvieron a la criatura en lugar del Creador, quien es bendito por los siglos. Amén.

Dios no permite que otros sean venerados o servidos en lugar de Él. Aquellos que reverenciaron y sirvieron a la creación en lugar de a Dios fueron entregados a actos sexuales desenfrenados y vergonzosos debido a sus malos deseos. Esto proviene de la raíz griega "sebo", que significa servicio religioso.

3. **ESPÍRITU - PROSKUNEO ADORACIÓN VERDADERA**
   - Mateo 4:10: Entonces Jesús le dijo: "Vete, Satanás, porque escrito está: 'Al Señor tu Dios adorarás y solo a Él servirás'".

Cuando Jesús fue tentado, respondió sabiamente al enemigo diciendo: "Es a Jehová tu Dios a quien debes adorar (proskuneo) y solo a Él debes servir (eusebeo) sagradamente". Esta forma de adoración se aplica al cuerpo, alma y espíritu. Con un corazón agradecido hacia Dios, podemos deleitarnos en Su presencia y en todo lo que hacemos para Él.

CONCLUSIONES:

Esto nos enseña que el Padre busca adoradores, es decir, personas que:

1. Quieran servirle.
2. Le canten de acuerdo a Su Palabra.
3. Le ofrezcan lo mejor de sus tesoros como homenaje y agradecimiento.
4. Tengan el deseo de ser limpios, como el leproso.
5. Se congreguen en lugares de adoración.
6. Se sacrifiquen en ayuno para poder escuchar a Dios mejor.
7. La palabra griega "eusebeo" significa estar rendido ante las virtudes del Todopoderoso y vivir en base a la piedad. Esto se refiere a una adoración en el alma, reflejada en la rendición del alma misma.
8. La palabra griega "sabosamai" significa reverenciar con preceptos religiosos y ofrecer sacrificios corporales. Esto se refiere a una adoración en el cuerpo.
9. La palabra griega "proskuneo" significa hacer reverencia, postrarse y rendir adoración a Dios a Sus pies. Esto se refiere a una adoración en el espíritu, la cual es verdadera y se hace realidad en nosotros cuando conocemos a un Dios verdadero, dirigiendo toda nuestra adoración con un corazón agradecido y dispuesto a rendirnos. Esto se refleja en nuestras expresiones delante de Dios, ya sea durante nuestros momentos de devoción privados o en medio de la congregación.

Made in the USA
Middletown, DE
27 June 2024

56462159R00044